中嶋 尚志

木が創った国

探訪 日本人と木の文化史

八坂書房

はじめに

江戸時代が終わってやがて西洋文化が浸透してくるまで、日本人の住居とその中は一般庶民の家も商家も支配階級の武家屋敷でも、ほとんど木製品ばかりだっただろう。金属は襖《ふすま》の引手や箪笥《たんす》の取っ手くらいだったかもしれない。私たちは日ごろそんなことに気を留めないが、あらためて考えてみるとこんな国は世界にふたつとない。それはなぜかといえば、日本には樹木が多かったからである。

日本の木の文化は縄文・弥生時代にはじまり、飛鳥時代の本格的寺院建造で木の国日本の方向が定まった。法隆寺などの古代寺院は日本の特産樹種ヒノキで造られているが、ヒノキの建材としての特質を土台に、飛鳥大工の驚嘆すべき技量によって一〇〇〇年以上の歳月を経ても歪みを見せていない。

世界の古代文明の地では一般の住居は日干し煉瓦《れんが》などで造られ、石造は王宮ほか権力者の住居などで発展したが、どの階層も木造住居には住まなかった。木がなかったからで、それはいまも変わらない。

日本の木の文化の背景、つまり自然環境は世界の国々の中で飛びぬけて恵まれていた。古代メソポタミア・エジプトなどの王国では、首都の周辺に豊富な森林がなかった。必要な木材は、はるか遠方のレバノン山脈からレバノンスギを取り寄せて使うほどの貴重品だった。古代ギリシャは初期のころナラやオークなどに恵まれていたが、船の材や武器などを造る燃料とするために、また農地の拡大もあって伐木を繰り返し、やがて船の材料すらも失い衰亡した。古代文明にとって、木材は宝石のように希少であった。

中国は殷《いん》・秦《しん》が興る前までは豊富な森林に覆われていたようなのだが、しかしそれらは銅や鉄の武器などを造る燃料とするために、秦・漢の時代以降手の届くかぎり伐採されてしまう。燃料を得るためだから成木・幼木ことごとくだっただろう。もともと中国は荒い地質ということもあり、やがて樹木の育ちにくい国土となった。

さいわい日本の場合は中国のような強大な覇権を争う戦争はなく、そのために森林をことごとく伐り倒すということはなかった。それでも、飛鳥時代の仏教寺院建造から、藤原・平城・平安京の王宮と都造り、また戦国から江戸時代初期にかけての築城ラッシュなどで、狭い日本の森林は伐り続けられた。しかし日本では若い木まで伐りつくすことはなかっただろうから、樹木の再生能力が失われることはなかった。雨の多い日本の山地は水分を豊かにふくむため、仮に山の木をすべて伐り植林しなかったとしても、数十年で緑の山が回復するともいわれる。ほとんどが岩山の世界の山々とは大きな違いだ。

現在、日本の森林率は六八・四六％で先進諸国中のベスト三に入る。他の二国は日本よりすこし高いフィンランドと日本とほぼおなじスウェーデンだが、この日照が少なく気温の低い北欧二国に生育するのはほとんどが針葉樹で、日本では樹齢の長いヒノキ・スギなどの優良建材針葉樹のほか木の実や果実を豊富につける広葉樹も種類が多く、樹木環境としては世界一といってもいいのだろう。

太古の最終氷期の終了後におとずれた温暖化で日本には広葉樹林帯がひろがり、それを背景に縄文・弥生文化が育った。オリエントの古代文明が興った五〇〇〇年前には、数十人から数百人の縄文集落が各地に生まれており、文明ではないがそれぞれ平和な文化を創りはじめていた。温暖な気候と豊かな自然植生のおかげである。温暖であるということは食べものが豊富でうまいという幸せにも通じる。

では、この恵まれた自然環境はなぜ生まれたのだろうか。地理的にはすぐ近くといっていい朝鮮半島や大陸東部と、日本の気候風土はずいぶん異なっている。これには太古・古代に起こった二度の大きな環境変化が起因しているのだが、日本の木の植生とそこから生まれた文化を、この幸運に結びつけて語られることはほとんどない。とくに二度目の変化はおだやかな四季と稲作に好適な環境をもたらした。自然の女神の微笑《ほほえ》みのような幸運といえる。

わが国最初の文明開化が、古代飛鳥の仏教寺院建造から起こった。それは蘇我《そが》氏による飛鳥寺の建立にはじまる。飛鳥寺が約二〇年をかけて建てられたあとすぐに創建法隆寺の建造がはじまり、難波の四天王寺、さらにわが国最初の巨大な勅願寺百済大寺《くだらおおでら》（のちの大官大寺）ほか、古代の寺院建造ラッシュがおとずれる。それまでは弥生時代の高床式倉庫から進展した王宮や豪族の館がおもな建造物だったが、そこに突然、建築技術としては複雑高度な巨大寺院がつぎつぎと建てられ、飛鳥の風景は一変する。

わが国本格寺院第一号の古代飛鳥寺は、いま斑鳩《いかるが》に残る再建法隆寺とほぼおなじ建築水準で建てられ、しかし法隆寺が一塔一金堂であるのに対し、飛鳥寺は一塔三金堂という規模で建てられた。飛鳥の人びとにとってははじめて見る仰天の先進文明だったことだろう。この複雑高度な建築技術はどのようにもたらされ、古代飛鳥社会はそれを受け入れることができたのか。

この突然の建築技術の朝鮮半島からの受け入れが、現代まで続く日本の木造文化の基盤となっている、と筆者は考えているのだが、このことにページを割く本は少ない。これまでもこのことには触れてきたが、本書ではさらに歴史的および地理的・社会的事情に踏み込んで考えてみた。古代歴史探訪の迷路をともに彷徨《さまよ》っていただきたい。

縄文・弥生時代以来、数千年にわたり木の文化とともに歩んできた私たちは、そのことからたいせつなものを授けられてきたのに違いないのだが、それはいったい、何だったのだろうか。

本書著述が終わるころ（二〇二〇年十二月十七日）、日本の「伝統建築工匠の技　木造建造物を受け継ぐための伝統技術」一七分野が、ユネスコ（国連教育科学文化機関）の無形文化遺産に登録されたというニュースが報じられた。一七分野とは建造物の木工・修理・装飾、檜皮《ひわだ》葺き・茅葺き・柿《こけら》葺き・本瓦葺きと建具製作など、本書で探求してゆく日本の木造建造物にかかわる伝統技術だ。委員会は「熟練の職人が、伝統的な技能の知識を継承する後継者として、弟子たちを育成してきた」と評価する決議を採択し、重ねて「近代化に伴い、このプロセスはより困難になっている」として、保護の必要性も強調している（日本経済新聞報道より）。心から慶びたい。

＊＊＊

付記として。

筆者は木の文化史が研究テーマであることから、これまでに関連の二書を著している。『木の国の物語』は読物風に、『木の国の歴史』（ともに里文出版）は通史としてまとめたものだが、本書では木の文化が日本人をどのように創り上げたのかを念頭に、筆者の考察をふくめ探求心のままに綴った。木の文化史の迷路探検としてもおたのしみいただきたいが、本書が木の文化史三部作の総仕上げとなるため前著との多少の重複が避けられず、前著をお読みいただいた読者の方にはあらかじめご了解を願っておきたい。

もうひとつ、巻末に掲載した［資料］「日本人が木を植えた歴史」について。

この［資料］は社団法人国土緑化推進機構の機関誌『ぐりーんもあ』の別冊『木を植えた「日本人」』（一九九八年）に掲載されていた記事を、そのまま転載させていただいた。各時代の植樹の詳細ということではないが、大きな年表にも記載されていない各項からはその時代の木の事情がうかがえて、眺めていると筆者にはたのしい。本書の序章で参照した『日本果物史年表』もそうだが、このようにコツコツと時間をかけて作られた資料は貴重であり、『木を植えた「日本人」』は市販されていないので一般の目には届きにくい。掲載をご快諾いただいた同機構には、この場を借りて謝意を表したい。

木が創った国

目次

序章

太古の幸運が生んだ森の国

●『日本果物史年表』について

木の国の文化史を調べるため関連の本を漁っていたときに、思いもかけぬ貴重な資料にめぐりあった。『日本果物史年表』(注1)という本で、考古資料などで可能なかぎりの過去から現代まで、時代別・年代順にどんなくだものがこの国に自生していたのかを書き出したものだ。A5判三一〇頁に写真・図版・コラムなどはなく、ただびっしりと調査結果が書き連ねられている。調査研究に費やした多大な時間と手間に少なからぬ感銘を受けたが、その苦労の多さに見合うほどは売れなかったのではないか。購入するのは研究機関と図書館くらいだろう。著者に敬意を表したい。

どのように書かれているのかというと、最初のほうをすこし引用させてもらおう。三万年前の記述からはじまっている。

一万五〇〇〇年前～一万二〇〇〇年前

黒潮の接近と温暖化で南九州に縄文的環境ができる。針葉樹に代わり、落葉広葉樹林が生育し、ドングリ、クリ、トチの実の利用が可能となる。

（略）

約一万一〇〇〇年前

群馬県笠懸町の西鹿田中島遺跡集落跡から、ドングリの入った貯蔵穴二箇所が発見。照葉樹林帯でシイ、ヤマモモを食用、石皿と磨り石が出土し、木の実を潰して、粉にし、水を加えて、パンやクッキーを作成したと推定。

（略）

約八〇〇〇年前〜六〇〇〇年前

日本海に暖流が生まれ、東日本にブナやコナラ、クリ等の落葉広葉樹林が、西日本にシイやカシ等の照葉樹林が発達。

というように、綿々と書き連ねているのである。なお右の引用の一項と三項は本書の探求にとっても重要事項となるので、簡単に補足しておきたい（詳しくは第一章に記した）。

一項めは、約一万年余り前に終了した最終氷期のあと地球は温暖化したのだが、それによって日本はそれまで針葉樹林がおもだったのが広葉樹林の生育がひろがり、木の実やくだものが収穫できるようになって縄文の生活環境が整ってきたということ。

三項めは約八〇〇〇年前に日本海に暖流が流れ込み、そのおかげで現在の温暖な自然環境と明瞭な四季の移り変わりが生まれた。筆者は太古・古代に二度の奇跡的な幸運が日本に起こり（後述）、これが世界でも飛びぬけて恵まれた気候風土の国を生んだと思っているが、右の暖流の流入は二度めの幸運にあたる。（引用にある照葉樹林については29頁に記述）

なお『日本果物史年表』によると、縄文時代に自生していた木の実、くだもの類は以下のようだとしている。これらの実りが縄文初期ころからはじまった温暖化のおかげで、しだいに山野に輝いていったのである。

ハスカップ・グミ・アケビ・ムベ・ヤマブドウ・ヤマモモ・タチバナ・キイチゴ類・コケモモ類・クリ・ブナ・ナラ・シイ・カシ類・クルミ・ハシバミ・イチジク類・マタタビ属・クワ・ズミ・ナシ。

◉日本の樹木環境は世界一

いまから何十年か前まで日本の四季は、文字通りほぼ四等分されていたように記憶している。それがやがて春と秋の好シーズンが短くなったのではないかと残念に思っていたら、近年の地球温暖化で年間を通して気温が上がり、夏は猛暑の期間が長くなった。

筆者のような高齢者が子どものころ、日本の山野はほんとうに美しかった。夏は暑いといっても山や海に遊んで暑さは苦にならなかったし、冬も列島の主要部では寒さも苦痛になるほどではなく、風情を味わう余裕もあった。

いまは温暖化によりそのころほど快適ではないが、これは地球規模のことなので、日本が世界のうちでもっとも恵まれた気候風土の国であることに変わりはない。そのことを端的に示しているのが森林率だ。ある一定地域、たとえば国土に占める森林面積の割合を森林率というが、もちろん日本の森林率は世界のトップクラスにある。世界の主要先進国における森林率のトップは北欧のフィンランドで七三・一一％。これにやはり北欧スウェーデンの六八・九二％と日本の六八・四六％が続く。(注2)

だがこの北欧二国は国土面積（日本と大きくは違わない）に比して人口がフィンランド約五五〇万人、スウェーデン同一〇二〇万人と少ないために森林地の比率が高く（人口は南部に集中）、また高緯度にあることから気温は低く日照時間も短いので、ほとんどが針葉樹で占められている。とくにマツ科の樹木が多く中でも主力を占めるヨーロッパアカマツは、材質が堅く加工しやすいため伝統ある北欧家具材料として、また木造家屋の主要な建築材としても利用される。なお日本の校倉《あぜくら》造りに似たログハウス（丸太を積み上げた壁で構成）は、もともとスカンジナビアの伝統的工法でいまも別荘などに見られるが、十七〜十八世紀に北アメリカに伝わり開拓時代のシンボルのようになった。

つまり日本の温暖湿潤気候がもたらす広葉樹・針葉樹の多様さは北欧二国の樹木植生とは大きく異なり、樹齢豊かな最優良建材のヒノキ・スギをふくむ樹木環境は、世界一の森林国といって差しつかえないのではないか。日本はその恵まれた樹木環境から多彩な生活文化を生み出し、木の文化の国となったのである。

上位三国の森林率は七〇％前後と高率だが、そのほかの主要国では、隣国の韓国が六四・六七％、北朝鮮五〇・四三％、広大なアマゾンをもつブラジル五九・七一％、ロシア四九・七八％が高いほうで、他の主要先進国は三〇％台が多い。ヨーロッパはもともと良質な土壌の層が日本より浅く、オーストリアの四七・一六％が高いほかは森の国といわれるドイツでも三二・六八％、自然景観の美しいスイスが三一・九四％と三〇％台前半がほとんどだ。イギリスはさらに土壌が悪く一三・一二％と低い。ヨーロッパの主要国は産業革命やその後の近代化、大戦などで多く森林を失ったから、右の数字は以後の自然復興政策も反映しているのだろう。南半球で日本とよく似た自然環境のニュージーランドは、かつては豊かな森林に覆われていたがヨーロッパ人の入植でその多くを失い、現在では三七・四三％。

なお地球全体の陸地面積に占める森林率は約三〇％で、世界全体の森林面積は約四〇億ヘクタールだ。一万年前は六二億ヘクタールあったという。植物自然保護国際機構（ＢＧＣＩ）の集計によると、世界の樹木の種類は六万種余りあるが、その半数以上（五八％）がひとつの国にしか生育していないことがわかり、さらにおよそ一万種が絶滅の危機に直面しているという。

参考のためその他世界各地の国の森林率もあげておくが、日本の森林環境の特異さがよくわかる。一九九〇年に起こった湾岸戦争以来、イラクやその周辺国の映像が頻繁にテレビに映し出されるようになったが、あの乾燥した土色の大地を見て、多くの人が日本に生まれたことの幸運を感じたのではないか。中東地域の森林率の数字は樹木がまったくないことを示している。実際、右の統計ではカタールの森林率は〇％だ。

中国	二三・〇三％
フランス	三一・二〇％
ギリシャ	三〇・二七％
ポーランド	三〇・八九％
オーストラリア	一七・四二％
アメリカ	三三・八七％
カナダ	三八・七〇％
フィリピン	二三・八八％
ミャンマー	四四・六一％
アルゼンチン	一〇・五二％
イラン	六・五九％
イラク	一・九〇％
サウジアラビア	〇・四五％
エジプト	〇・〇五％

奈良県吉野地方は代表的針葉樹の吉野スギの深林がつづく（奈良県提供）

◉太古・古代に起きた二度の奇跡

日本の森林環境の特色は、森林率の高さとともに世界でも飛びぬけた樹木の多種多様さにある。地球上にある樹木の約三〇％が日本で見られるという、まさに木の国といっていいのだろう。樹木は大きく針葉樹と広葉樹に分けられるが、さらに常緑針葉樹・落葉針葉樹、常緑広葉樹・落葉広葉樹に区分され、日本ではこのすべての樹種が生育する。地球上に樹木が生育しはじめたのは針葉樹が約二億年前、広葉樹が約一億年前だそうだ。

中学校の教科書のようになるが、これらの樹種について最初に復習しておいたほうがよいかもしれない。もっとも多い樹種が落葉広葉樹で、ブナ・ケヤキ・ウメ・カキ・クリ・クヌギ・トチノキ・コナラ・シラカバなどあげるときりがない。常緑広葉樹も種類が多く、クスノキ・タブノキ・シラカシ・スダジイ・ヤブツバキ・アオキ・ゲッケイジュなどがある。多くの広葉樹は花を咲かせ、果実を実らせ、紅葉して落葉し、葉は地面に堆積して腐葉土となり水分と養分を蓄える。

落葉針葉樹はカラマツ・イチョウ（葉の形状からは意外だが針葉樹）・メタセコイアなどだがこの樹種はもっとも少ない。常緑針葉樹はヒノキ・スギというわが国特産の優良建材樹種のほかコウヤマキ・サワラ・ツガ・アスナロ・アカマツ・クロマツ・エゾマツ・トドマツ・モミなど。なお常緑樹といっても、おなじ葉が年中枝についているのではなく、新しい葉が育つとともに古い葉は枯れ落ちる。

さて、このような日本の恵まれた自然環境は、太古・古代に起きたふたつの奇跡的な幸運によると「はじめに」に書いたが、ではまずその最初の幸運とは何か。

のちに日本列島となる陸片が大陸から分離しはじめたのは、いまからおおよそ二〇〇〇万年前のことらしい。分離した位置はいまの朝鮮半島東側から北のロシア側へ続く沿岸部分だったようだ。いくつかの細長いかたまりが逆くの字型に大陸側から離れ、やがて日本海を包み込むように落ちついたらしい。ほぼいまのかたちになったのは二～三〇〇万年前ころだという。

その後地球全体に寒冷な氷期と比較的暖かい間氷期《かんぴょうき》（氷期と氷期の間の時期）とが繰り返され、氷期には海面が下降して、のちの日本列島も分かれた大陸と一部が地続きとなることもあった。この時期にナウマンゾウやマンモス・オオツノジカ・カモシカなどの大型動物が渡ってきて、やがて日本列島最初の人類もこれらの動物を追って移り住んだ、と考えられている。およそ三万年前ころのことだ。

この大陸東端から切り離され形成された島嶼《とうしょ》群が、のちに自然環境に恵まれたわが日本列島となったことは、まさに最初に起こった奇跡的な幸運だったと筆者は考えている。この二〇〇〇万年前にはじまる地球の地殻変動を取りあげて、これが最初に起こった奇跡的な幸運だなどとは滑稽と思う読者がいるかもしれない。しかし筆者は大まじめにこの幸運をよろこんでいる。この地殻変動がなかったなら日本という国も日本人もなかったのだから。このおかげで我々はいま世界でもっとも暮らしやすい国で生きることができるのだ。

日本列島の奇跡的な幸運はもういちど起こる。四季が移ろう温暖な日本の気候は、このもうひとつの幸運によって生まれることになるのだが、この第二の幸運は納得してもらえるに違いない。

七万年前にはじまった最終氷期の、もっとも寒かった二万年前の日本列島の気温は現在より八〜一〇度くらい低く、日本海の海面はいまより一〇〇メートル以上低くなったという。現在の水深約一四〇メートルの対馬海峡や津軽海峡も地続きになったかもしれず、水深約四〇メートルの宗谷海峡、約一〇メートルの間宮海峡は地続きとなった。

この時期は地質時代区分のひとつ更新世《こうしんせい》の最終期にあたり、更新世二〇〇万年以上の間に、四回の氷期と三回の間氷期があったとされているが、その最後の氷期が約七万年前から六万年近く続いて終わった。環境考古学が専門の安田喜憲によれば「最近の調査研究によると、例えば約一万五千年前にわずか五十年で平均気温が一〇度近く上昇した」ことがわかるという。(注3)もちろん温度上昇は地域によって異なるが、七〇〇〇年前ころにほぼ現在とおなじになったと考えられている。

縄文時代はおおよそ一万数千年前にはじまり、一万年くらい続いたようなので、最終氷期の終了のころに縄文時代がはじまったということになる。ここは縄文文化を考える上で重要なポイントになる。氷期終了後の気候の温暖化は、東日本にブナやナラなどの落葉樹林帯を、西日本にはカシやシイを主とする照葉樹林帯を生み、その実を食糧とする小動物の生息も盛んになる。それら広葉樹の実や小動物の肉は縄文人の主要な食糧となり、やがて縄文人は青森県の三内丸山《さんないまるやま》縄文遺跡（五五〇〇年前〜四〇〇〇年前）などにみられるように、好適地に集落を構え定住化するようになった。

古代の温暖化は東日本に落葉樹林帯を生んだ　約13万ha
もの白神山地はブナ林の原初の姿をいまにとどめている

太古からの自然環境を引き継ぐために、探勝ルートは整備
されていない　ハイカーが入れるのはごく一部だけだ

白神山地の樹

写真提供：
白神山地ビジターセンター

青森・秋田両県にまたがる広大な白神《しらかみ》山地は世界最大級のブナの天然林におおわれ、おなじく原初の状態を保っている屋久島の屋久スギ原生林とともに日本最初（一九九三）の世界自然遺産となった。白神山地の周辺からは縄文時代の遺構や遺物も発見されているので、ブナの実採集に入っていたのだろう。ブナの実は旨いそうだ。

◉温暖な四季に恵まれた幸運

さて日本列島に起こったもうひとつの奇跡的な幸運は、この最終氷期終了後の温暖化を促すようにもたらされた。八〇〇〇年くらい前に、日本海に暖流が流れ込んだのだ。対馬暖流または対馬海流という。この暖流の流入により、対馬海峡付近の水温がほぼ現在の、冬季一二度～夏季二六度近くまで上昇し、やがて日本列島に現在のような穏やかな四季の変化も生み出す。縄文社会の大きな環境変化がさらに進んだことになる。冬季には大陸からの冷たい季節風が暖かい対馬暖流から水蒸気を大量に蒸発させ、これが雪雲となって日本海側に大雪を降らせる。この雪解け水が春に田畑をうるおし、夏の高温多照とともに稲作に適した気象環境を生む。

日本海への対馬暖流の流入がもたらした日本列島の温暖化は、しかし、皮肉なことに朝鮮半島には反対の気象環境を生むことになった。対馬暖流の一部が北海道西岸を北上し、アムール川の流水と混ざって冷却され、朝鮮半島の東岸付近を寒流となって南下することになったのである。リマン海流と呼んでいるが、この影響で朝鮮半島東沿岸の海水は冷たくなり、プサン（釜山）の北約五〇キロのウルサン（蔚山）付近の海水温は夏でも非常に低く、海水浴も難しいほどだという。日本と同緯度上のすぐとなりにある韓国・北朝鮮だが、その気候の違いは明瞭で、これも太古に起こった奇跡的な日本の幸運だったことはまちがいない。

日本の特産樹種であるヒノキ・スギ・コウヤマキなどの針葉樹は早くから日本の山野を覆っていたと思われるが、対馬暖流の流入による急速な温暖化は世界でも最初期の広葉樹林帯の拡大を生み、これが列島に住んでいた原日本人（縄文人）の食生活環境を大きく変えることになった。広葉樹林は保水力があることから土が豊かになり、クリ・ドングリ・ブナ・シイ・トチなどの木の実を豊富に実らせる。各地の縄文遺跡からドンクリの貯蔵穴が多数発掘されているが、ドングリなどは土器で煮たあと水にさらしてあくを抜き、石皿・磨り石でつぶして団子《だんご》・粥《かゆ》・雑炊《ぞうすい》のようにして食べたようだ。クッキーのようにしてたのしんだかもしれない。また豊富な木の実のほか木の芽、草の芽はシカ・リス・ウサギ・イノシシなどの食糧となり、その繁殖も促してゆく。

さらに温暖化による海水面の上昇が多数の内湾を形成することになり、内陸の栄養分が内湾に流入して魚介類の繁殖も促した。山海の食材をいっしょに煮て殺菌もできる縄文土器の出現は食生活の大変革で、ここに縄文の定住化の環境が整い、家族が成立し、人口も急激に増大する。なおこれまで縄文人の主食は木の実、おもにドングリを煮炊きしていたと考えられてきたが、最近の調査研究から縄文土器で煮炊きしていたのは、(特に縄文前期には) 海産物のほうが多かったようだという報告が出されている(炭素同位体比の測定による)。

縄文土器は世界でも最古級の土器であり、近年縄文文化は世界的に関心を呼んでいる。カリフォルニア大学名誉教授の人類学者ジャレド・ダイアモンドは「縄文人が一万年以上にわたり、崩壊することのない持続可能な文化を築き上げてきたことは偉業である。縄文人は世界でもっとも豊かな狩猟採集民であり、従来の文明論を根底からゆさぶる」といっている(注4)。

筆者のような高齢者が学生のころには、縄文時代はおもに移動採集生活だったと教えられたが、縄文人の暮らしの認識は大きく変えなければならないことになった。その定住化の最大の要因が温暖化であり、広葉樹林帯の拡大だったのである。

◉朝鮮半島・中国の自然風土

この第二の幸運によってもたらされた日本の自然環境と樹木植生は、記したように日本列島と向き合う大陸側の朝鮮半島や中国とは異なった様相となった。先に記した各国の森林率統計をみると、北朝鮮・韓国は他の主要国よりやや高めの数字を示しているものの、温暖な気候という点では日本と大きく異なっている。

韓国の首都ソウルは新潟市のやや南の緯度にあるが、新潟市の一月の最低気温が〇・二度なのに対しソウルは同マイナス五・九度。北朝鮮の首都ピョンヤンはソウルから北へ約二〇〇キロの地点で日本の酒田市のやや北の緯度にあたるが、酒田市の一月の最低気温がマイナス一・〇度で、ピョンヤンは同マイナス一〇・二度だ。これが対馬暖流の流入がもたらした気象の変化で、日本海側は冬季に大雪は降るが気温はそれほど低くはならない。太古に起こった最初の幸運である大陸からの分離と列島形成だけだったら、日本列島はできたものの現在の日本の気候・自然は北朝鮮や韓国と変わらなかったのかもしれない。

韓国の現在のおもな樹木植生をみると、アカマツ・クロマツ・カラマツ・ゴヨウマツ・モミ・ツガ・ナラ・カバ・ポプラ・ヤナギ・キリ・ケヤキなどがあげられるが針葉樹のほうが多く、広葉樹が圧倒的に多い日本とは異なる。さらにヒノキやスギといった建築材としての最優良樹種は古来生育せず（近年はヒノキも移植され、評価が高い）、韓国では仏教寺院ほかの建物や家具などは多くマツ材が使われてきた。マツは節が多く曲がって育ち、ヤニをふくむため日本では建築材そのほか仏像などにもほとんど使われない。広葉樹が少ないということは基本的に自然条件が日本とは異なるということで、日本の良質な土壌も恵まれた自然環境がもたらしたものだった。朝鮮半島の山々は多く花崗岩《かこうがん》が露出しているが、それは古代、中国から伝わった製鉄を盛んにするため、山々の木を伐りつくしたことによるという説もある。くり返すが対馬暖流の流入による温暖化への変化がなかったら、日本の自然はこれほど恵まれた状態にはなっていなかったことになる。

中国の樹木事情はどうだったのだろうか。

現在の中国の森林率二三・〇三％は韓国の六四・六七％・北朝鮮の五〇・四三％よりも低く、他の主要な国々と比べても低い。これは中国の地図を見れば広大な砂漠や山岳地帯もあって仕方のないところだが、古代中国文明が興ったころから低かったのかというと、そうではないらしい。

一万年余り前に最終氷期が終わり、やがて暖かさが安定的になったころから、古代文明の発祥地である黄河《こうが》や長江《ちょうこう》（揚子江《ようすこう》）などの流域は豊富な樹木に覆われるようになったようだ。とくに長江流域は西日本とおなじ照葉樹林帯に属しているため豊富な樹木が育っていたらしい。ひところまでは、中国古代文明というと黄河流域に栄えた黄河文明が起源とされてきたが、いまから半世紀前の一九七〇年代から長江の流域で古代の遺跡がつぎつぎと発掘され、中国古代文明の様相は大きく変わりつつある。

もっと以前の一九三七年には、いまから約七〇〇〇年前に長江下流域で栄えた新石器文明の河姆渡《かぼと》遺跡が発掘されている（後述）。世界最古という紀元前五〇〇〇年ころのモミやモミ殻・農具などが発見されて、この地の稲作文化が黄河流域の畑作農耕と並ぶ時期にはすでにあったことが示された。

さらに一九九六年十月には長江上流の四川省成都市南西の竜馬古城遺跡で、三層からなるピラミッド型の祭壇と城壁を持つ都市遺跡が発見され、四五〇〇年前のものと推定されたが、インディカ米とジャポニカ米のモミも発見されて、ここでも稲作文化があったことがわかった。これらの発見はアワ・キビ・ムギなどの畑作農耕を基礎とする黄河文明よりも古くから、長江流域に稲作を基盤とする農耕文明が存在していた可能性を提示した。現在、イネの原産地は長江下流域あたりとするのが有力になっているらしいが、この自然環境は樹木植生の好条件ということにもなる。

照葉樹林帯という言葉が出てきたが、ここで照葉樹林文化論が思い起こされる。日本の文化人類学者（中尾佐助・佐々木高明）が提唱したもので、ヒマラヤの中腹から中国の雲南・長江の南を経て朝鮮半島の南端から西日本にかけた一帯（ブータンや台湾も含まれる）は、もともとカシ・シイ・クスノキ・ツバキなどの照葉樹（葉が厚くて光沢のある広葉樹）が分布していた。中尾らはこれらの地が温暖で稲作に適し、陸稲栽培・焼畑耕作・餅食や納豆食などといった共通の文化要素の多いことに注目し、世界的にも固有な照葉樹林文化圏と呼んだ。

長江下流の河姆渡遺跡はこの照葉樹林文化圏に属しており、中尾佐助は「これは風土という概念を、具体的にはその土地の植物帯によって、自然環境の総決算として把握する方法によるものである」(注5)といっている。ブータンを訪れたことはないが、テレビの報道番組からは日本に似た風土の印象があり、日本のふるさとのような自然環境を感じる。ブータンの森林率は七一・一五％と高い。台湾の森林率も五九・一八％と高く（台湾外交部の資料より）、台湾には日本のヒノキに似た台湾ヒノキが自生する。

なお河姆渡遺跡からは、高床式建物の基礎と考えられる円柱・方柱や、梁《はり》・板などを打ち込んだ一三の杭列も発見され、これらの木材は炭素14年代測定法（炭素の放射性同位体による年代測定法）により六〇〇〇〜七〇〇〇年前のものであることが確認され、高度な高床式建物があったことがわかった。さらに用材には枘《ほぞ》や枘穴の加工があり、加工具としては石斧《せきふ》と石鑿《いしのみ》くらいと考えられる時代に、高い木工技術のあったことも判明したのだ。枘とは木材を接合するときに、一方の材に作った突起のことで、その突起をはめ込むための他方の材にあけた穴を枘穴という。なおこの木材接合技術は日本の縄文遺跡からも発掘され（富山県桜町遺跡。第一章に記述）、以後、材の継手《つぎて》・仕口《しぐち》に多用されるようになる。

高床式の建物だったのはこの遺跡が沼沢地に面していたことがまず理由としてあげられるが、黄河中流域を中心とした中原《ちゅうげん》地方や華北の住居は多く竪穴《たてあな》式の穴居《けっきょ》だったから、河姆渡遺跡の木造高床式建物は、特殊な用途を持った建物だったことも考えられている。

◉秦・漢時代の大量伐採

中国古代王朝の殷《いん》・周・秦の時代はまだ樹林の生育が健全だったらしく、都が遷るたびに大きな木造宮殿が造営されるようになった。秦の始皇帝が渭水《いすい》の南（咸陽の東南）の安房《あぼう》に造営した大宮殿の安房宮は前殿だけで東西八〇〇メートル・南北一五〇メートルもあり、一万人が収容できたという巨大な木造建築だった。この時期始皇帝は兵馬俑坑《へいばようこう》で名高い始皇帝陵を建造中で、万里の長城の修築や延長工事も行なっていた。大規模な土木工事が好きだったらしい。なお安房宮は二世皇帝に工事が受け継がれたが完成しないまま項羽《こうう》に焼かれたという（項羽は、秦の末期に漢の初代皇帝となった劉邦《りゅうほう》に敗れた楚《そ》の武将）。

河姆渡遺跡で発掘された木造技術が、その後の樹木生育の健全な時代に進展していたのだろう。安房宮などの宮殿の周辺には人々が集まり、建物も多く建てられて都市となる。宮殿以外の建造物の多くは土を突き固めた土壁がおもな構造体で、やがて日干し煉瓦《れんが》の塼《せん》が使われるようになる。その巨大な都市が戦乱や遷都のたびに棄てられ、ふたたび造られる。塼は漢の時代に発達し、その後しだいに建造物は塼が多用されるようになる。

秦の始皇帝の時代はすでに青銅器時代に続く鉄器時代にあり、武器や器具を作るための燃料として木の大量伐採がはじまっていたが、漢代になると鉄製品（おもに武器）を作るために森林の伐採はさらに大規模化した。その後の戦乱の時代もそれは繰り返され、中国の森林土壌はこのころから枯渇《こかつ》をはじめたようだ。銅・鉄を作り続けるにはおびただしい燃料が必要となる。

健全に生育している広大な森林地帯では樹木内の水分が水蒸気として放出され、それが上昇して雨を降らせる。その雨が樹木により地下に蓄えられ、ふたたび蒸発して雨を呼ぶという健全なサイクルとなるが、その森林が大量伐採されると雨水は蓄えられず、表土は流されて、植物が再生されない土壌となってしまうのだ。秦・漢の時代から続いた樹木の大量乱伐は、以後の樹木の再生能力まで削り取ってしまったことになる。中国の場合は、日本の温暖気候と降水量の多さが良質な土壌を育て、二次林の生育を促してくれたのとは大きく事情が異なった。

それでも中国では隋・唐の世が木造建築の充実した時代だったようだ。(注6) とくに唐の時代には仏教寺院が数多く建てられたが、第一五代皇帝武宗（在位八四〇〜八四六）による仏教弾圧で多くの木造寺院が失われた。山西省の世界遺産五台山《ごだいさん》に唐代の寺院として南禅寺大仏殿（七八二年建立の中国最古の木造建築）と、おなじく五台山に規模の大きな仏光寺大殿（八五七年建立。中国で三番目に古い木造建築）など四、五棟が貴重に残されており、仏光寺大殿の柱にはエンタシスが施され、堂内外の組物も精巧な造りで、寺院の格式と木造建築技術の高さを示すという。

仏教がもっとも盛んだった唐代でもすべてが木造ではなく、土や塼との混合構造も多く建てられた。代表的な塼の歴史的建物に、唐の第三代皇帝高宗が六四八年に母の菩提のために建てた慈恩寺の大雁塔《だいがんとう》（西安市。方形七層。高さ六四メートル。151頁写真参照）がある。玄奘《げんじょう》（三蔵《さんぞう》）がインドから持ち帰った経典をこの寺で漢訳し、大雁塔は仏典を保管するために玄奘の発願により建てられたという。なお慈恩寺は武宗の弾圧で廃絶した。中国に歴史的木造建物は少ないが塼の仏塔は数多く残されている。

中国と日本とではもともとの気象環境と土壌の質が異なっていたのだが、もうひとつ、つぎのような日本の事情についても留意しておきたい。中国ほど大規模ではないが、日本も古代の寺院建造から近世の城郭建築まで、森林の大量伐採は途切れることなく続いた。それでもわが国の森林は枯渇することがなかったのだが、その理由のひとつにつぎのことも指摘されている。

毎年春先から初夏にかけて行なわれていた刈敷《かりしき》という伝統的な施肥《せひ》法のことだ。刈敷とは古代から江戸時代の前期ころまで、水田の基肥《もとごえ》として行なわれた自給肥料のことで、田植え前に広葉樹の若芽や若葉、芝草、稲わらなどを水田に敷き込み肥料とした。この習慣について環境考古学の安田喜憲はつぎのようにいっている。（注7）弥生時代に中国から稲作が伝わったときに、水牛や羊・山羊といった家畜もいったん日本に入ったが、肉食用の家畜を飼育して肉やミルクを摂るという習慣は日本には定着しなかった。家畜を大規模に飼育するようになると、森林を伐採して破壊したあとを家畜を放牧するための牧草地にする。すると家畜は木の若芽をみな食べてしまうから、森は再生しない。放牧をしなかった日本では木を伐ったあとから二次林が生えてくるが、その下草や落ち葉などを水田に敷き込み肥料としたのだ。この森と水田の間の循環系を長く維持してきたために、森林を枯渇させずに済んだという。

◉世界の古代文明と樹木

世界四大文明のひとつ黄河・長江文明以降の中国の樹木事情をみたので、他の古代文明の地の森林環境はどうだったのか簡単に眺めておこう。

ひと口にいうと古代メソポタミア、エジプト、インダス川流域は森林には恵まれていなかった。古代メソポタミアにシュメール人による最古の都市国家が生まれたのは、紀元前三五〇〇年ころのことだが、メソポタミアは乾燥した土地のために樹木は少なく、豊富な粘土を利用した日干し煉瓦で宮殿や住居を造った。しかしシュメール人は高度な文明を創造し、六十進法・太陰太陽暦・占星術・七曜制などを創案したが、特筆しなければならないのは世界最古の楔《くさび》形文字の発明だろう。

彼らはその文字を使って、民族神話そのほかを豊富な粘土板に書き残した。民族神話はいま『ギルガメシュ叙事詩』として出版され読むことができる。その前半部で主人公ギルガメシュ（実在と思われる王）が親友となったエンキドゥとともにスギの森の怪物フンババと戦いこれを倒し、森を手に入れる話が展開する（第三の書板）。

シュメールの遺跡からは名高い工芸品である「ウルのスタンダード」(注8)や華麗な装飾が施されたハープなどの木製楽器も出土し、優れた工芸技術を持っていたことがわかる。ウルのスタンダードの「戦争」の場面には木製の戦車も多く描かれているが、木材は希少な必需品で、右の神話は若き王のスギの森の支配権獲得を表しているのだと思われる。メソポタミア文明は気候の乾燥化と森林破壊により崩壊したといわれる。

ところでシュメールの『ギルガメシュ叙事詩』にはもうひとつ、かつて世界を驚愕《きょうがく》させたというあることが書かれていた。この紀元前三〇〇〇年以前から使われていた古代楔形文字は、発見から約二〇年ののちの一八七二年に、大英博物館の若き研究員によって解読されたのだが、その第一一の書板に『旧約聖書』の「ノアの方舟《はこぶね》」にきわめてよく似た洪水神話が記されていたのだ。

神々に洪水を起こさせ、船を造りすべての命あるもの、野の生きものをも船に載せた。七日目にようやく海は静まり、さらに洪水の引いたあとの七日目に鳥をいく度も放ち、洪水の収まったことを知る……。『旧約聖書』が書かれるはるか昔にほとんどおなじ洪水神話が記されていたのである。いま「ノアの方舟」の神話は『ギルガメシュ叙事詩』がもとになっているとする考え方は定着しているようだが、同類の洪水神話は他のいくつかの民族神話にも伝えられており、太古の大洪水神話を最終氷期終了後の海面上昇と結びつけることも考えられている。なお聖書によるとノアの方舟はイトスギで造られたとある。

エジプトのナイル川流域も乾燥した土地のため周辺に大きな森林はなかった。だが石灰岩・花崗岩などに恵まれたために神殿や墓廟は巨石建築とし、住まいや施設などは日干し煉瓦をもちいて造った。しかしツタンカーメンなど王の玉座やミイラの棺、船などは細かな加工が施せる木製でなければならず、そのほか王朝時代の古墳からは豪華だったと思われる木製の家具や調度品類も発掘されている。これらの木材はほとんどがシリア、レバノンなどの地中海沿岸の山から船で運んだレバノンスギだった。紀元前二五〇〇年ころの古代エジプトのクフ王の船が二隻発見されており、ひとつは長さ四三・三二メートル、幅五・六六メートルという大きなもので、材はやはりレバノンスギだった。

レバノンスギはヒマラヤスギの仲間で、スギの名が付いているがモミに近いマツ科の高木で、直径三メートル、高さは四〇メートルにも達する。レバノンの国旗にデザインされているがいま絶滅の危機にあるという。レバノンスギの主産地は古くからレバノン山脈の一帯だったようだが、メソポタミアも遠路レバノンスギを取り寄せていたらしい。地図上の直線距離で見るとエジプト、メソポタミアからはそれぞれ一〇〇〇キロ近くある。地中海、ユーフラテス川を船で運んだのだろうか。

もうひとつの世界四大文明の地インダスは、紀元前二五〇〇年前から約一〇〇〇年にわたりインダス川流域に栄えたが、この地域の気候は現在とあまり違わないと考えられている。インダス文明の首都と思われるインダス川下流域のモヘンジョダロ周辺の年間降雨量は一〇〇ミリほどで、気象環境としては半乾燥地帯であり、樹木植生としては灌木《かんぼく》（丈の低い木）がまばらに生えているという植生地である。(注9)が、インダス文明も大旱魃《かんばつ》による環境破壊が文明崩壊の主因と考えられている。

紀元前二〇〇〇年代に地中海の東岸一帯、現在のレバノンにあたる地に国家を築いたフェニキア人も、レバノン山脈に豊富に生育するレバノンスギを使って船を造り、地中海交易で富を築いた。まっすぐで強いレバノンスギは、古代オリエントの国々では神殿や船を造るため、また青銅器の製作のための燃料など貴重な必需品で、航海商業民族フェニキア人はその交易により大いなる繁栄を謳歌した。しかし大づかみながらこうみてくると、古代オリエント一帯には優良材はレバノンスギ以外ほとんどなかったということになる。

ただ海洋国家だった古代ギリシアのアテネ周辺は、ナラやオーク（材質が堅く船材・建築材によい）などの樹木に恵まれていたという。初期にはパルテノンほかの神殿も木を多く使って建てられたが、やはり大量の船を造るため、また青銅器や鉄器を製造する燃料とするために伐木を繰り返し、ついにギリシア繁栄のもとである船も造れないほど森林を消滅させてしまった。コンクリートが生まれたのは古代ローマだそうだが、こうして以後の文明は石造建築が主流となる。

古代の話ではないが、アメリカ大陸にイギリスの清教徒（ピューリタン）たちがはじめて上陸した一六二〇年、アメリカの大地は東海岸から二〇〇〇キロ先のミシシッピ川までびっしりと森に覆われていたという。しかしその後に続いた入植者たちの開拓で伐り倒され、二十世紀にはだだっ広い平原に化してしまった。[注10] 文明の進展期には時代を問わず木の大量伐採による土壌の枯渇が、進化の代償となったということらしい。それは近代文明への大変革である産業革命の、とくにイギリスにもあてはまる。

このようにみてくると、日本は古代文明の地ではないが、すでにその時代から古代文明発祥地をはるかにしのぐ、温暖な気候と樹木植生に恵まれていたことがよくわかる。そこに営まれた平和な一万年の縄文文化が、いま世界で注目されていることもうなずけよう。

筆者は日本の木の文化は縄文時代からはじまると考えているが、縄文の木の文化は弥生時代（鉄器が伝わった）に引き継がれ、飛鳥時代の本格的仏教寺院群の建造を経て日本を代表する文化となった。本書はそのようすを解明しようとしているが、合わせて日本人の精神文化との関わりをうかがい知ることができれば、と願っている。

日本の自然は美しさでも世界有数
（青森県観光連盟提供）

第一章

木の国日本はどう誕生したか

◉縄文時代観をきり替える

日本の木の文化の歩みは、縄文時代の樹木環境からはじまり飛鳥時代に大きな画期的進化が起こった、と筆者は考えているのだが、まず縄文時代に生まれた木の文化について考えてみたい（飛鳥時代の木の文化興隆については次章で詳しくみる）。

近年、青森県の三内丸山《さんないまるやま》遺跡や富山県の桜町遺跡など縄文遺跡の新発掘が相つぎ、縄文時代観が大きく変わることになった。この本のテーマであるわが国の木の文化のはじまりも、縄文時代であるとはっきり認識を変えなければならない。そこでまず最初に、縄文時代の木の文化の見直しからはじめよう。

縄文時代とは縄文土器が使われはじめるころからを指すわけだが、現在発掘されている最古の縄文土器は約一万二〇〇〇年前のものと推定されており、無文土器の最古の破片は約一万六〇〇〇年前と推定されている。つまりこの間のどこかで縄文時代がはじまったことになる。記したようにこのころには地球が温暖化しはじめ、狩猟採集の生活環境が向上してくる。やがて温暖化が育成した広葉樹林（木の実が食糧となる）に囲まれた、海からほど近い適地を選んで集落を構える。そして縄文土器を用意すれば食住は安定し移動採集の必要はなくなる。定住して、家族単位で竪穴住居に暮らし、こうして人口が増え共同集落は大きくなる。

ほとんど社会変化のない、戦争もない縄文時代の一万年をどうとらえたらいいのか、これまではつかみどころがなかったのだが、縄文土器による食生活とこれから記す木の活用によって、縄文の暮らしのイメージははっきりとした輪郭を持ってくる。ここにわが国の木の文化がはじまる。

平成四年（一九九二）からはじまった青森県三内丸山遺跡の発掘は、ほとんど変化のない一万年にわたる採集生活というそれまでの縄文時代観に、鮮明な色彩を与えることになった。その感動はいまだに鮮烈なままだ。三内丸山遺跡からの歴史情報はもう新しくはないのだが、木の文化の発見がここからはじまっているために、木の文化の発祥地と捉えてここを出発点としたい。

三内丸山遺跡は縄文時代のほぼ中期の遺跡で、五五〇〇年前から四〇〇〇年前までおよそ一五〇〇年間にわたる縄文時代最大規模の集落だった。いまから五〇〇〇年前というとエジプトやメソポタミア文明の起こったころだ。遺跡の広さは三五万平方メートル（東京ドーム七・五個分）あり、長さ四二〇メートル、幅最大一五メートルの道路や大型建物などが計画的に配され、最多で五〇〇人くらいが定住していたらしい。発掘された多数の住居跡周辺からさまざまな生活用具やヒスイ・コハクなどの装飾品も出土し、縄文中期の想像を超えた文化の数々が浮かび上がることになった。

木の文化として注目したいのは、三内丸山遺跡のシンボルのような六本柱の復元建物と、並んで建つ三〇〇人が収容できそうな巨大な竪穴復元建物で、巨大竪穴建物からは集会や共同作業の歓声が聞こえてきそうだ。夏は涼しく冬は暖かかっただろう。

◉縄文時代にはじまった巨木建築

太さ約一メートルの柱を一四・七メートルの高さに骨組みしただけの六本柱建物は、発掘時、柱穴の深さが一・五〜二メートル、柱穴の間隔は四・二メートルあった。物見櫓《やぐら》のような建物を想像して現在建てられている姿に復元したが、外観はあくまで想像である。

この巨大な建物が何だったのかはわかっていない。この六本柱に使われていた柱はクリの巨木だったのだが、材質の堅いクリは建築材として利用されていたらしい。クリは現在では札幌周辺から屋久島まで分布しているので、当時もかなり広範囲に自生していたのだろう。縄文の大型集落跡は北海道や北陸、南九州などでも発見されているが、クリの木を柱に使用した例は関東地方や北陸地方その他の遺跡にも多く見られる。なお豪雪地帯の

三内丸山遺跡の6本柱建物が縄文巨木文化のはじまりとなる　右奥の巨大な竪穴住居は300人が収容できたと考えられている（青森県観光連盟提供）

富山県五箇山や岐阜県白川郷に残る合掌造り民家も、その主要建材はクリの木が使われている。

直径約一メートルの柱というと東大寺大仏殿のもっとも太い柱とおなじだが、復元に際しこの太さのクリの木が日本にはなく、ロシアからの輸入で調達した。現在私たちが見るクリの木にもこれほど太くまっすぐなものは目にしない。一四～二三メートルの高さだったと想像されているが、これは三内丸山の縄文人がそのように育成したのだろうか。「桃栗三年」といわれるようにクリの木は成長がはやい。

クリの木は堅さが好まれたのだろうが、水や湿気に強いため保存性がよく土木建材に向いている。鉄道の枕木にも使われたほどだが、ただこれほどのクリの大木は非常に重いそうだ。伐木して運んできた六本の巨木をどうやって立てたのだろうか。なおクリの実は主要な食糧で、三内丸山集落の周辺はクリ林がひろがっていたという。

三内丸山の縄文人たちは巨大な何を造ったのだろうか。考古学者の森浩一はこの六本柱の建物を屋根のあった望楼（物見櫓）ではなかったかと、つぎのようにいっている。

遠くを見張るところであり、遠方から来る船や人にとっては目印になるような建物である。日本海沿岸などの大きな港町などには、入口に高い望楼があり、出雲大社もそれの名残の一つであろう。（注1）

この森の言葉の、当時「日本海沿岸などの大きな港町などには、入口に高い望楼があり、出雲大社もそれの名残の一つであろう」という指摘は、当時の日本海交易を示唆していて興味深く、この章の後半で考えたい。

当時は最終氷期後の温暖化による海面上昇（縄文海進）のピークにあたり、海（陸奥湾）が遺跡のすぐ近くまで接近していた。三内丸山の近海の漁ではタイやブリ、コチなどを捕っていたようだが、大木をくり抜いただけの丸木舟で北海道や北陸方面にまで交易のために舟を出していたことが、三内丸山遺跡の出土品から判断できる。

火山岩の一種である黒曜石《こくようせき》は断面が鋭く、鏃《やじり》やナイフとして使われたと思われるが、北海道や東北各地、佐渡などに産する。讃岐岩《さぬきがん》ともいわれる打製石器に使われたサヌカイトは四国の讃岐地方で、コハクは太平洋側の岩手県久慈地方、さらに女性の装身具や呪術にも使われたと思われるヒスイは、新潟県の糸魚川《いといがわ》が産地だ。これらの地と交易を行なった舟が頼りとしたのが、舟着き場に建てられた背の高い物見櫓（望楼）だっただろう。だからこのような物見櫓は各地の主要な港にあったはずだ、ということになる。

そのような日本海交易に使われたと思われる舟も縄文遺跡から多数出土している。三内丸山遺跡の発掘とおなじころ（平成四年）、京都府舞鶴市千歳の浦入《うらにゅう》遺跡から縄文時代前期後半（約五三二〇年前）の丸木舟が発見された。復元すると長さ八〜九メートル、幅一メートル弱の全国でも最大級の大きさで、その後丸木舟が出土したあたりから杭や碇石《いかり》も見つかり、さらに桟橋のようなものもあった。外洋への航海も盛んだったようだ。また福井県若狭町の鳥浜貝塚遺跡でも縄文前期の丸木舟が出土しており、これらの出土丸木舟はスギやマツの大木をふたつに割って、くり抜いて造られていた。スギは割裂《かつれつ》性が高いので割りやすい。弥生時代に鉄製工具が出現してからは舟を造る技術も進化したから、海上交易による他地方との交流はさらに発展したのだろう。

◉盛んだった日本海交易

縄文時代の日本海交易はずいぶん活発だった可能性が出てきた。物見櫓も各地にもっとあったに違いない。弥生〜古墳時代の遺跡だが、森浩一が鳥取県でふたつ大きな物見櫓を確認している。ひとつは米子市の稲吉角田《いなよしすみた》遺跡（弥生時代中期）から出土した土器の表面に、四人が櫂《かい》を構えて舟を漕《こ》いでいる絵とともに、極端に長い柱に支えられた高床式建物が線刻されていた。上部の屋舎（屋根がある）の床のあたりからは長い階段も描かれ（線刻なので長い梯子《はしご》のように見える）、小さな絵だがこの建物の異常な高さを示している。

もうひとつは同県羽合町の長瀬高浜遺跡（弥生時代〜古墳時代および以降の複合遺跡）から、右の土器絵にも似た梯子状の施設をともなった、古墳

稲吉角田遺跡出土の線刻絵の復元図
（米子市教育委員会提供）

時代前期の大型建物の跡が発掘された。正方形に地面を掘った各四隅に巨大な柱を立てたと思われる柱穴があり、よほど重い建物だったらしく穴の深さが二メートルもあり、正方形の一辺に梯子状の施設かと思われる突出部も確認された。

森はこのふたつの遺跡の絵と遺構のようすから、これらの建物も巨木の柱の立つ部分だけで一六メートルもしくは一九メートル、上部の屋舎を入れると全体で二〇メートルもしくは二三メートルになるといい、これらは港に付属した望楼的な施設であろうと考察している。これらが海上の舟からの目印となる望楼ならば、このような建物は縄文時代から各地の港に建てられていたことが想像される。陸地に長距離移動の交通手段は歩くしかなかった時代に、舟による交易は想像するよりも盛んだったのかもしれない。

さらに海上交通による物の交易にとどまらない、東北地方と出雲の強い関わりを証明するような興味深い新データが、つい最近示されたので記しておこう。(注2)

国立遺伝学研究所の斎藤成也研究室が、出雲人二一人の血液を調べたところ、出雲と東北に類似のDNAデータのある可能性をみつけた。そこでつぎに祖父母とも出雲出身者の新たな出雲人四五人の唾液を提供してもらい(ヒトゲノムの中のHLA領域の遺伝子における地域的な多様性を)調べたところ、出雲をふくむ中国地方から見た列島一〇地域のうち、地理的に近い九州・四国・近畿よりも東北地方との遺伝的類似性が見いだされたという。遺伝子の上で出雲ともっとも近いのは東北地方だったのである。

出雲と東北の方言が似ていることに着目した松本清張の小説『砂の器』が思い起こされるが、その類似は方言学上の研究成果によったもので、清張の創作上での設定ではなかった。

古代出雲は日本海交易のひとつの拠点だったかもしれない。出雲の港にも大きな物見櫓が建てられていたのだろう。出雲神話として伝えられている「国譲り」のあと、オオクニヌシを祀る神殿を、出雲の人たちはその物見櫓のあったところに建てたのではないかと筆者は想像しているが、この興味深い想像については後述する。現在の出雲大社も海の近くにあるが、古代には出雲の海はもっと大社の近くまで迫っていたらしい。

◉縄文の木造技法が中国古代文明と類似

これまで思い描いていた縄文の風景は大きな修正が必要となったが、さらに近年、富山県小矢部市の桜町遺跡の発掘調査で、縄文時代の高度な木工技術をうかがわせる発見があった。桜町遺跡は縄文時代早期から晩期まで、いまから約八〇〇〇～二三〇〇年前の長期にわたる遺跡で、平成九年（一九九七）に行なわれた調査では一〇〇本以上の高床建物の建築部材が出土した（これもおもにクリ材）。

発掘された柱材から、高床建物は地上から床までの高さが一メートルの小型のもの（倉庫）と二メートルの大型のものがあったことがわかり、大型のものは祭りや儀式を行なう際の祭殿ではないかと考えられている。高床建物の壁面は、横に渡した細い棒にヒノキの薄い板を編むように通してあった。柱材からは垂直材を横に貫いて横木でつなぐ貫穴《ぬきあな》技法や、一方の部材に開けた枘穴《ほぞ》に他方の部材に作った突起（枘）を組み合わせる枘穴技法も確認されたのだが、これらの技法はこれまで弥生時代に稲作とともに伝わったと考えられていたもので、ここに新たな数千年を遡《さかのぼ》る謎が生まれることになった。

が、やがて調査の結果これらの技術が、序章でも触れた中国浙江省にある新石器文明の河姆渡《かぼと》遺跡から出土した、約七〇〇〇年前の木造建物の建築技法と類似するらしいことがわかり、小矢部市教育委員会の担当者が浙江省博物館を訪れ学術調査を行なった。その結果両者の組み合わせ技術は同様の技法とわかり、さらに他にも共通する技法のあることも確認された。ただ両遺跡には約三〇〇〇年の年代差があるため技術の直接伝播は考えにくいが、長江下流は高温多湿で日本の気候に近く、稲作伝来の「長江ルーツ」説と合わせて、高床建物のルーツにも新たな研究材料が生まれたことになる。

右を報道した毎日新聞平成十年十二月二十九日付朝刊で宮本長二郎（記事掲載時・東京国立文化財研究所国際文化財保存修復協力センター長）は、「縄文の高床建物のルーツは長江流域と考えるのが自然だろう」といっている。

これらの古代木工技術の痕跡からは、縄文時代の中期末から後期初頭（約四〇〇〇年前）には木工の専門技術者がいたことも想像させられる。

縄文時代というと縄文土器や土偶《どぐう》（素焼きの土製人形）、石器類の出土が多く、木製品は腐ってしまうのでなかなか大量に出土しない。臼や杵・農耕具の柄などは少数出土していたが、そのため木造・木工製品のイメージは薄かった。しかし桜町遺跡の出土品に見られるような細かな木の加工技術が生まれていたのだ。さらに柱など建物の建築材はクリ、板や舟にはスギ、舟を漕ぐ櫂《かい》はケヤキ、シイの木は石斧《せきふ》の柄、カシは強いので弓、トチの木は中をくり抜いて鉢など、木の文化も多様に生まれていたこともわかってきた。

縄文の木の文化というともうひとつ、昭和の後期ごろから発見されはじめた環状木柱列という不思議な構造遺跡がある。石川県能登町の真脇《まわき》遺跡のものは直径九〇センチ以上のクリ材の巨木をたて半分に割って、平らなほうを外に向け八～一〇本を環状（真円）に並べ立てている。円の直径は六～八メートルくらい。桜町遺跡のものは平成十二年（二〇〇〇）に発見されたが、一段高い二本の木の上に横木を渡し門扉《もんぴ》があったように想像復元されている。金沢市のチカモリ遺跡では巨大木柱三四〇余点が出土した。その他北陸の石川県・富山県を中心に約二〇の遺跡から発掘されている。

木柱列の円の中に炉や墓のようなものはなく、屋根や壁もなかったようでただ割った柱だけが立っていたらしい。柱の長さがどの

金沢市埋蔵文化財センター内にデザイン復元されているチカモリ遺跡環状木柱列（同センター提供）

真脇遺跡の復元環状木柱列（能登町真脇遺跡縄文館提供）

くらいだったかも不明。おなじ場所で何度か立て直されていることから祭祀《さいし》的な施設かという推測が強く、儀式との関わりが想像される。北陸地方に共通の祭祀的な思想があったのかもしれない。祭祀遺跡ならこれはいかにも縄文的な開放性といえよう。縄文ワールドの魅力は尽きない。

◉鉄製工具が板を生んだ

弥生時代に移ろう。

弥生時代になると大陸から鉄製工具が伝わり、中期以降には国内で鉄生産がはじまるので鉄製工具類は普及する。石川県小松市の八日市地方遺跡（弥生時代中期）や鳥取市の青谷上寺地《あおやかみじち》遺跡（弥生時代中期〜後期）からは、鉄製工具や精巧な木製品が多数出土し、青谷上寺地遺跡から出土の木製容器は優れたデザインが施され、専門の木工技術者がいたことは確かなようだ。さらに中国地方の同時期の各地の遺跡で同種の木製容器が出土していることから、製品の流通もあったと考えられている。なお平成二十九年、八日市地方遺跡から小型の鉄製工具槍鉋《やりがんな》（槍の穂先のような刃で木の表面を削る）が出土している。

鉄製工具が普及したことで、弥生時代の木造建物は大きく変化する。そのひとつが板の出現であろう。ヒノキやスギは縦に鋭い刃を当てればたやすく板ができる。弥生人は喜んだに違いない。槍鉋などで表面仕上げをすればきれいな板になる（槍鉋は飛鳥時代に大型のものが普及し、法隆寺回廊の柱などは槍鉋で仕上げられている。終章で記述)。三内丸山遺跡に復元された高床建物の壁面は、植物を編むように束ねてカーテン風に架けたりしてあり、桜町遺跡ではヒノキの薄い板をやはり編むようにしていたが、弥生の復元高床倉庫はきっちりと板で仕上げられている。ネズミ返しもくふうされていかにもたいせつな収穫物の収蔵庫といった趣だ。上位者の住居でも同様だっただろう。この高床式建物の構造がつぎの古墳時代の権力者の館の基本形になり、やがて飛鳥時代の豪族の館、奈良時代の貴族の屋敷へつながったと思われる。伊勢神宮の正殿は弥生時代の高床倉庫をそのまま厳《おごそ》かに発展させたように見える。

弥生時代の復元集落といえば佐賀県の吉野ヶ里遺跡だが、現地を訪れてみると必要な造作技術はもう充分で、何か不足があったようには感じられない。放浪癖のある筆者はタイムスリップしてこの弥生社会にしばらく逗留してみたいと思ったほどだが、はっと我に返ったのは、

復元された吉野ヶ里遺跡全景　南北約200メートル・東西約120メートルの環濠集落だ（佐賀県提供）

吉野ヶ里遺跡から出土した木製農具（佐賀県提供）

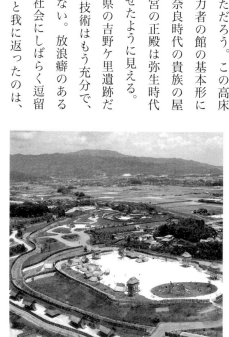

弥生時代は戦争があったということだ。だからここには環濠《かんごう》（周囲にめぐらした濠）がある。稲作文化を基盤とする弥生時代は発展するに従い富（収穫した稲など）の蓄積の違いが大きくなり、その富を生み出す土地や水の争いが頻繁に起こり、戦争が大規模化する。すでにこの時代に土地も水も天からの公平な授かりものではなくなってしまったのだろう。そしてついにこの国は乱れ、互いに攻撃し合うことが何年も続くようになった――と「魏志倭人伝《ぎしわじんでん》」は記している。その二世紀後半の大乱を収束するため、ひとりの女王が共立された。卑弥呼《ひみこ》である。

◉「魏志倭人伝」が書いた倭の樹木

日本の弥生時代後期の自然・地理・風土・風俗などを記した文字史料がひとつだけある。中国の歴史書『三国志』（三世紀末。陳寿《ちんじゅ》撰）のうちの、倭国のことを記した「魏志倭人伝」といわれているところで、卑弥呼と邪馬台国のことが書かれていることでよく知られる。

「魏志倭人伝」は便宜上の言い方で、魏《ぎ》・蜀《しょく》・呉《ご》三国の正史をまとめた六十五巻からなる『三国志』という史書の中の、魏の周辺国について書いた「烏丸《うがん》・鮮卑《せんぴ》・東夷伝《とういでん》」の最後にある「倭人」の条を簡略にいったものだ。「東夷伝」というのは中国東北部の南から朝鮮半島の南部にわたる地域にあった、夫余《ふよ》・高句麗《こうくり》・東沃沮《とうよくそ》・挹婁《ゆうろう》・濊《わい》・韓（馬韓《ばかん》・辰韓《しんかん》・弁韓《べんかん》）・倭人のことを記したところだが、東夷というのは「東方に住む未開人」のことだから、巻末に記された参考資料的な記事のようでもある。しかし、中国の正史にはじめて詳細に記されたわが国の史料であるため、あまりに重要であり、あまりに名高い。

三世紀の中期にかかるころ、朝鮮半島のいまのソウルの北方あたりに魏の出先機関である帯方郡が置かれていた。その帯方郡役所に、倭人の地の地理・政治・社会・風俗・産物などの事情を調査するよう指示が下され（調査は数回に及んだようだ）、その報告書が魏の首都である洛陽《らくよう》の政府に送られ保存された。それをもとに魏の史官だった魚豢《ぎょかん》という人が『魏略《ぎりゃく》』（魏を中心とした歴史書。大部分は失われている）の中で倭人について書き、その『魏略』の倭人の記事などをもとに西晋《せいしん》の史官陳寿が『三国志』の中の倭人の条をまとめた、とされている。「東夷伝」には「魏略曰く」として引用も記されている。

倭人の条の記事のうち気候・風土・樹木植生について書かれたところをすべてひろい出し、現代語訳で記すとつぎのようになる。(注3)

その土地は山が険しく深い森林が多く、
竹や木が生えやぶが多い。

草木が繁茂して、道をあるいていると前を行く人が見えない。

倭の土地は温暖で、冬夏にかかわらず生野菜を食べ、誰もがはだしである。

木材として柟《くす》・杼《とち》・予樟《くすのき》・楺櫪《ぼうれき》・投橿《とうきょう》・烏号《やまぐわ》・楓香《おかつら》などを産し、竹には篠簳《しのだけ》・桃支竹《とうしちく》がある。

薑《しょうが》・橘・椒《さんしょう》・蘘荷《みょうが》などが生えるが、それらが美味であることを知らない。獮猴《おおざる》や黒雉《くろきじ》がいる。

わずかにこれだけだが、「東夷伝」の倭人以外の国々の記事の中には、気候・風土や生育する樹木についての記載はほとんどなく、各国の条に記された関連の記事のところを書き出すと以下の通りだ。

夫余《ふよ》の条

土地は五穀を植えるのに適しているが、五果（桃・李・杏・栗・棗の五種類の主要な果物）は成長しない。

高句麗の条

埋葬の礼は盛大で、（略）松や柏《かしわ》をならべて植える。

濊《わい》の条

楽浪の檀弓《だんきゅう》（まゆみの木の弓）と呼ばれる弓はこの地に産する。

韓の条（朝鮮半島南端にあり倭人の国にいちばん近い）

特別の珍宝は産出しない。禽獣や草木はほぼ中国と同じである。大きな栗の実を産し、梨ほどの大きさがある。

「倭人伝」（以下このように記す）に記された木が現在の何の木にあたるかははっきりとしていない（解説書により異なる）のだが、おおよそ、柟＝タブノキ、杼＝コナラ、予（豫）樟＝クスノキ、楺＝クサボケ、櫪＝クヌギ、投橿＝カヤノキ、烏号＝カシ類、楓香＝カエデ類などと考えられるという。(注4) 続けて薑＝ショウガ、橘＝コウジ・ミカンの類、椒＝サンショウ、蘘荷＝ミョウガなどの美味は倭人が食べていないと書くが、そうだろうか。小さなものにまで目を届かせているのは、倭の地の穏やかな気候をたのしんだのだろうか。ずいぶん細かいところまで観察したものだ。

だがここで気になるのは、ヒノキとスギ・クリの木が書かれていないことだ。わが国の固有樹種であるヒノキやスギの樹林をはじめて見れば、その美しい姿に惹《ひ》きつけられたはずなのだが。北九州にヒノキとスギがなかったとは思えない。植物系統学・古植物学が専門の農学博士鈴木三男の研究によれば、古代北九州にはヒノキ・スギ・モミが生育していたとある。(注5)

斑鳩《いかるが》の再建法隆寺は七〇〇年代はじめに建てられたと思われるが、建材は樹齢一〇〇〇～二〇〇〇年のヒノキが使われているので、三世紀の九州には樹齢数百年以上のヒノキの大樹が生育していたはずである。

北九州をひろく歩いてその樹林を見ていれば、この二種はまっすぐに群生しているので強い印象が残るはずだ。ましてやヒノキとスギは日本の固有樹種で中国や朝鮮半島には生育していなかったから、見かければ「あの木は何か」と必ずや問うただろう。問われた人が朝鮮半島から渡来していた人で

吉野ヶ里遺跡に復元された最大の建物主祭殿（佐賀県提供）

あれば「この国にはヒノキ・スギという美しい木があるのです」とこたえたに違いない。

仮にヒノキ・スギは山地に生育するので目にしなかったとしても、この時代は弥生時代の晩期である。普及した鉄製工具でヒノキから加工した美しい柱や板が、弥生の集落のあちこちに使われていたはずである。新築の建物からはヒノキ特有の芳香が漂っていただろう。使者または問われた人が木材に関心を持っていたなら、舟を造るコウヤマキ（これも日本の特産樹種）や棺《ひつぎ》などに使われるモミにも注意をはらったに違いない。また前述のようにクリの木は建材や食糧確保のために栽培されてきたのだから、調査した地にもたくさんあっただろう。

なおアカマツやクロマツは現在本州最北端から九州の島嶼《とうしょ》部まで日本の沿岸部に多く見られるが、これらのマツが増え出すのは西日本では一五〇〇年前くらいからで、弥生時代にはそれほど多くはなかったらしい。(注5の同書)

◉「倭人伝」の記述は正しいのか

「倭人伝」に記載の枏・杼などの木は「倭国の樹木に類似した当時の中国の樹種名をあてたもので、同一環境の優占種として目立つ樹木を挙げているだろう」という説もあり、(注6)この説に従えばヒノキとスギは類似種も中国にはないので報告書に挙げるのを避けたということだろうか。類似種がなければ木の名称もなかったことになる。どうも「倭人伝」記載の木が当時の日本の妥当な代表的樹木とは言いきれないようだ。

「倭人伝」の最初のところに「その土地には、牛・馬・虎・豹・羊・鵲《かささぎ》はいない」という記述があるが、牛・馬はこの時代北九州にいたことが証明されている（ただ少なかったようだ）。しかし「魏志倭人伝」はこのくらいの不確実さはのみ込んだ上で読むべきだろうと思われるが、「邪馬台国論争」では記載された数字や方角などが細かく検討されて論じられ、もちろんそれは研究上肝要なことではあるが、危うさを心配させられることもある。

木の記述にはこのような疑問を持ったのだが、多くの解説書が書いているように「倭人伝」の記事全体からは、他の東夷の国々にくらべていねいに、何か配慮がなされてまとめられているように感じられる。まず冒頭の対馬の文章がとてもいい。注4の資料の読み下し文から引用しよう。

始めて一海を度《わた》り、千余里にして対馬国に至る。其の大官を卑狗と曰《い》い、副を卑奴母離と曰う。居る所は絶島にして、方は四百余里可《ばか》り。土地は山険《けわ》しくして、深林多く、道路は禽《とり》と鹿《けもの》の径《こみち》の如し。千余戸あるも、良田なく、海物を食らいて自活し、船に乗りて南北に市糴《してき》す。（「市糴」は買い入れること）

帯方郡（ソウル付近）から朝鮮半島を七千余里下り、始めて海を渡り最初に倭人の地に入った緊張すらうかがえ、過不足のない描写に思われる。それは（魚豢と）陳寿が、使者が実際に歩いて書いた報告書の文章をよしとし、そのまま使ったからだろう。さらに本文ではつぎのような倭の習俗を称えるような記述も見られる。

その風俗は淫乱を知らない。

人々は長生きをし、百歳だとか八、九十歳の者もいる。

婦人たちは身もちがしっかりとし、嫉妬することもない。盗みをせず、訴訟ざたは少ない。

尊卑については、それぞれ序列があって、上の者のいいつけはよく守られる。

下戸の者が道で大人に会うと、後ずさりをして草の中に入り、言葉を伝えたり説明したりするときには、うずくまったりひざまずいたりして、両手を地につき、大人に対する恭敬を表わす。

このような記述は他に扶余の条で、人々は慎み深く誠実で中国古代の礼が行なわれている、と書く以外にはほとんどなく、さらに「東夷伝」に記された七ヵ国すべての記事の中で、最後に記された倭人の条にもっとも多くの字数が使われている（約二〇〇〇字、次いで韓が約一四〇〇字）。これらのことから倭人の条はやや特別扱いで書かれているのではないかとみる研究者は多く、そうだとすれば、その意識はその時代の知識層だった史家の魚豢・陳寿にあったということになる。その特別な認識・配慮はなぜか。それについては専門の研究者の考察をあげておこう。考古学の森浩一はつぎのように書いている(注7)。

「ぼくの考えでは西暦紀元ごろから中国人は周辺の諸集団のなかで、倭人は突出して勝《すぐ》れた集団とみていた節がある。」

「魏の政府あるいは出先機関の帯方郡が、倭人にたいして関心を持っていたのか、それとも持たざるをえなかったためとみられる。」

「それぞれの土地の住人の具体的な氏名（官職名は別）がもっとも多く記されているのは倭人伝の一〇人である。二位が高句麗の八人でその他の国では一人も名を記していないこともある。これによっても倭人の多くの情報が魏にもたらされていたこと、ひいては魏が倭人に強い関心をもっていたことが知られる。」

「魏の政府では九州島が一つの倭国としてまとまることを期待し、その実現に努めた節がある。」

もうひとり、中国古代史（とくに三国時代）が専門の渡邉義浩も、「倭国と曹魏が密接な関係を結んでいたためである」として、つぎのように書いている。曹魏とは戦国時代の魏と区別した三国時代の魏のことで、建国者曹操《そうそう》の姓をつけてこのように呼ぶ。

「倭人伝によれば、景初三（二三九）年から正始八（二四七）年までの九年間に、倭国から曹魏《そうぎ》に使者を派遣したのは四回、曹魏から使者が派遣されたのは二回である。平均すると約十八年に一回となる遣唐使に比べ、はるかに頻度が高い。（注8）」

その結果、倭国は遠方の国でありながら中国の礼を継承・教化している国であると好意的に書き、いっぽう他の東夷の国々、とくに高句麗や韓は中国との関係が悪化していたこともあって評価をせず、それは「東夷伝」の執筆意図によるのだといっている。

なお「東夷伝」の倭人以外の国の記事を読んでいたら、不思議な記述に出会ったのでここで取り上げておこう。高句麗の北東、日本海沿岸にあった東沃沮《とうよくそ》（漢・魏時代に朝鮮東北部にいた種族）のところに出てくる話である。

（魏の人が北沃沮《よくそ》に入り）その地の老人に尋ねた、「この海の東にも人間は住んでいるだろうか。」老人がいった、「この国の者がむかし船に乗って魚を捕っていて、暴風にあい、数十日も吹き流され、東方のある島に漂着したことがあります。その島には人がいましたが、言葉は通じません。その地の風俗では、毎年七月に童女を選んで海に沈めます。」また次のようにもいった、「海中には、ほかに女ばかりで男のいない国があります。」次のようにも述べた、「一枚の布製の着物が海から漂いついたことがあります。その着物の身ごろは普通の人の着物と変わりませんが、両袖は三丈もの長さがありました。また難破船が波にながされ海岸に漂い着いたことがあり、その船には項《うなじ》の所にもう一つの顔のある人間がいて、生けどりにされました。しかし話しかけても言葉が通ぜず、食物を取らぬまま死にました。」こうした者たちのいる場所は、みな沃沮の東方の大海の中にあるのである。

沃沮のはるか東方海中には日本列島が横たわっており、地図の上では、その間にウルルン島と竹島しかない。もちろんこれは「倭人伝」にも書かれた、「女王国の東、海を渡ること千余里にして、復《ま》た国あり、皆倭種なり。又《ま》た侏儒《しゅじゅ》（こびと）国ありて其の南に在り、人の長《みのたけ》三・四尺、女王を去ること四千余里。又た裸《ら》国・黒歯国ありて復《ま》た其の東南に在り、船行すること一年にして至るべし（注4の同書）」という記述と同種の奇談のようだが、その典拠と意味については注8の書に中国古代史が専門の著者の興味深い考察がある（本書のテーマから離れ複雑なため略す）。

◉古代中国の東方神仙思想とは

右の説（森浩一・渡邉義浩の考察）は当時の政治的状況から見た解釈だが、もうひとつ、古代中国にあった東方神仙思想（東方海上彼方には気候温暖な神仙郷があるという考え方）との関わりからみておきたい史料がある。中国の正史のひとつ『漢書』（前漢の史書。後漢の班固《はんこ》の撰）に書かれた孔子の言葉からの考察だ。『漢書』地理志の「燕地《えんち》」の条に、中国の史書にはじめて日本のことが書かれたとして有名なつぎの一文がある。

〈読み下し文〉

東夷天性柔順、三方の外に異る。故に孔子は道の行われざるを悼《いた》んで筏《いかだ》を海に設け、九夷に居らんと欲す。ゆえあるかな、夫《それ》、楽浪《らくろう》海中倭人有り。分れて百余国と為す。歳時を以って来り献見すという。

〈現代語訳〉

東夷は天性柔順で、南西北三方の外夷と異なっており、それゆえ孔子が道の行なわれないことを悼《いた》み、筏《いかだ》を設けて海に浮かび、九夷の国に往って住みたいと望んだのも、道理あることではないか。楽浪の海のかなたに倭人《わじん》がおり、百余カ国に分れ、歳時ごとに来て物を献上し見《まみ》えたという。(注9)

この文に引用の、孔子に関わる記述は『論語』に書かれた「子曰《しいわ》く、道行《みちおこな》われず、桴《いかだ》に乗《の》りて海《うみ》に浮《う》かばん。——先生は言われた。(私の理想とする)道は行われない。いっそ桴に乗って海を渡ろうか。」から採られている。いうまでもなく『論語』は春秋時代の思想家孔子とその弟子たちの言行録で、これもよく知られた一文だ。『論語』は孔子の死後編纂がはじまり数種類の異本が生じたが、後漢の時代に現行本がまとめられたという。

『漢書』の記す「東夷天性柔順」の東夷も「魏志倭人伝」とおなじ「東方に住む未開人」の意。三方（南・西・北）は南蛮《なんばん》・西戎《せいじゅう》・北狄《ほくてき》のことで、古代中国では周辺の未開異民族にはほとんどすべて蔑称《べっしょう》をもちいた。ただ右の『漢書』の文では、東夷だけは南蛮・西戎・北狄の三方とは異なるといっており、それは孔子の時代すでに故事となっていたことになる。『漢書』は八二年ころの成立とされているが、孔子が生きたのは前五五一～前四七九年ころだ。『漢書』成立の五〇〇年以上過去の思想家が、（伝えによれば東夷は天性柔順らしいから）いっそ筏に乗ってその地に渡り――と嘆いたと採り上げ、そこを楽浪海中にある倭人の住むところと結びつけた（楽浪は中国の前漢が朝鮮に置いた郡）。

ただし『論語』のこのくだりには、孔子は「桴に乗りて海に浮かばん」といったとあるだけで、倭人（の国あるいは島）とは書いていない。それを『漢書』は楽浪の海のかなたにある、歳時ごとに物を献上しに来る倭人の国と結びつけたのだ。中国の前漢の史書がそう書き記したほど、倭人は他の東夷よりも優れていると認識されていた、らしい。

孔子のいう「海の向こうにはきっとよい国が……」という東方神仙思想は、中国最古の地理書『山海《せんがい》経《きょう》』（撰者・成立年未詳）に、仙人が住むという東方三神山の蓬莱《ほうらい》山のことが書かれており、ずいぶん古くからあったらしい。仙境というイメージには気候温暖・長寿の地という想像がともなう。孔子の時代よりも数百年下るが、秦の時代の方術士《ほうじゅつし》徐福《じょふく》が始皇帝（前二五九〜前二一〇）に、東方海上の三神山（蓬萊・方丈・瀛州《えいしゅう》の三山）から不老不死の仙薬を求めてくるともちかけ、巨万の資金を得て姿をくらますという説話の背景にもなっている。徐福のことは中国最初の紀伝体の通史である『史記』（司馬遷《しばせん》著。紀元前九一年ころ完成。後世、史書の模範とされた）の「秦始皇本紀第六」に記されている。

始皇帝や徐福がいたのは、日本の時代でいえば弥生時代前期から中期にかかるころのことで、東方三神山は現在の山東半島のはるか東方海上がイメージされていたようだが、不思議なことに日本には徐福上陸の伝承地が三重県熊野市・和歌山県新宮市・京都府与謝町ほか一〇か所余りもある。

なお前掲の『論語』の「子曰く、道行われず、桴に乗りて海に浮かばん」のあとはつぎのように続いている。

〈読み下し文〉

我《わ》れに従《したが》う者《もの》は、其《そ》れ由《ゆう》なるか。子路《しろ》之《こ》れを聞《き》いて喜《よろこ》ぶ。子曰《しいわ》く、由《ゆう》や勇《ゆう》を好《この》むこと我《わ》れに過《す》ぎたり。材《ざい》を取《と》る所《ところ》無《な》からん。」（傍点は筆者）

〈現代語訳〉

「（そのとき）私について来るのは由（子路の本名、仲由《ちゅうゆう》）だろうか」。子路はこれを聞いて喜んだ。

先生は言われた。「由よ、おまえは私以上に勇敢なことが好きだ。だが、（桴を作る）材木はどこから調達するのかね」。

孔子が筏の材を心配しているのだが、すでにこの時代、中国にはそれほど樹木が少なかったのだろうか。

◉出雲大社巨大柱根の発見

日本の古代に話を戻そう。

森浩一がふたつの大きな物見櫓《やぐら》を確認した（45頁）鳥取県のとなりの島根県には、わが国最大の神社建築を誇る出雲大社が鎮座する。出雲大社には平安時代に現在の倍の四八メートルの高さがあったという社伝があり、これはちょっと信じられない高さだったのだが、近年の大発見で事実だった可能性が出てきた。社殿を支える九本の柱の直径が約三メートルもあったことが判明したのだ。いまの東大寺大仏殿がほぼおなじ高さなのだが、大仏殿の柱は太いもので約一メートルだからその異様さがわかる。もちろんいまの大社造りの本殿とおなじ構えで四八メートルあったのではない。ではどのような社殿が建っていたのだろうか。

代々出雲大社の宮司を務めてきた千家《せんげ》国造家《こくぞうけ》に、巨大な大社本殿の柱の位置を示した平面図「金輪御《かなわのご》造営差図《ぞうえいさしず》」が伝わっており、ほぼ正方形の図面の、ちょうど「田」の字の画が交わるところを○印で柱の位置とし、九本柱だったことを図示している。中央が心《しん》の御柱《みはしら》でこの一本だけが他より太くなっているが、他の八本柱のうちの六本には寸法が記されていて、太さ一丈とあるので約三メートルとなり、心の御柱はもっと太いことになる。いくら古代でもこんなに太い木をそろえるのは不可能だろう。ただ差図をよく見ると柱の位置を示す○の中にそれぞれさらに小さな○が三つ記されていて、つまり直径一メートル近い木を三本束ねて太い一本を作るという図になっている。

「金輪御造営差図」の示す本殿平面の一辺の長さはおよそ一二〜一三メートルとなり、この中に直径約三メートルの九本の柱を据える図になっているのだ。この密に配された太い柱の上に社殿を載せた総高が四八メートルというのだが、古代にこのような巨大な社殿を建てることが可能だったのかという疑問が当然あって、長いあいだ不明のままになっていた。

ところが平成十二年（二〇〇〇）に、まさかという大発見があった。出雲大社拝殿の北側で、スギの大木三本を束ねて一本とした、巨大な柱の最下部が三組分発見されたのである。境内地下を流れる豊富な地下水のおかげで奇跡的に当時の姿をとどめて発見され、千家家に伝わる差図の信憑性《しんぴょうせい》が証明されることになった。またこれらの柱材が鎌倉時代前半の宝治二年（一二四八）に造営された本殿の柱であることもほぼ確かとなった。発見された三本のうち一本は心の御柱で、直径一・二メートルのスギ材を三本束ねた状態で発見され、束ねた直径は三メートルを超えたとみられ、他の二本も三メートル級の太

島根県立古代出雲歴史博物館に展示されている古代出雲大社 1/10 の復元模型
階の右に展示されているのは建築史家 5 人による鎌倉時代の 1/50 の復元模型

古代出雲大社の謎

3 本一組で発見された古代出雲大社本殿の心の御柱

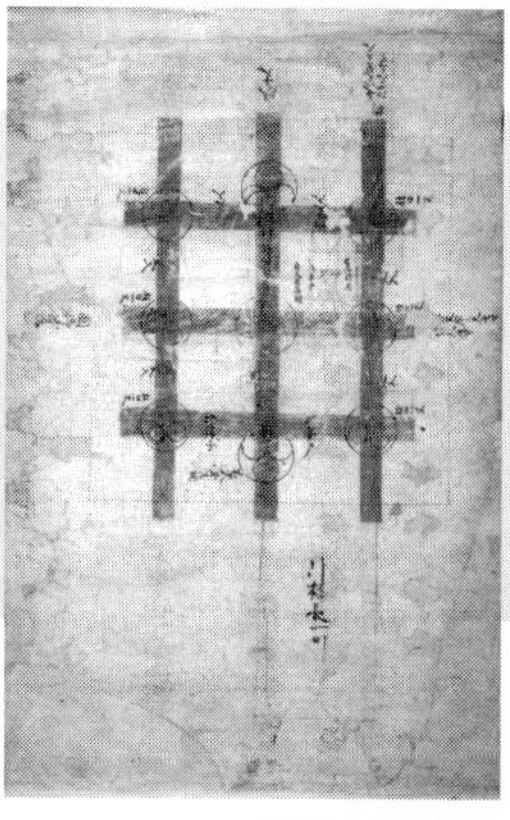

金輪御造営差図

写真提供：
島根県立古代出雲歴史博物館

さだった。

なお記録によると、出雲大社本殿は平安時代から鎌倉時代のはじめまでに五、六回倒れており、それぞれの造り替えの工期が極端に長かったという。(注10) これは鎌倉期以前の本殿があまりに巨大だったために不安定で、また造り替えにも長い期間を要したものと考えられ、鎌倉期に本殿を縮小してからは倒壊の記録はないという。

出雲市の島根県立古代出雲歴史博物館に、現代の著名な建築史家五人による五〇分の一の想像復元模型が展示されている。高さは四八メートルから二四メートルまでそれぞれ解釈により異なるが、もう一基平安時代の四八メートルを一〇分の一で復元した巨大神殿があり迫力がある。上に載った社殿の床部から約一〇九メートルだったという長大な階《きざはし》が地面におりているが、階の長さは差図に「引橋長一町」と書かれていたことによる（一町は約一〇九・〇九メートル）。この異様な高さの神殿からは、さまざまなことに想いがおよぶのだが、すこし「出雲大社考」を試みたい。

◉出雲大社は物見櫓の地に建てられた…

筆者には出雲大社の巨大さは、もともと縄文時代の巨木文化の流れを受け継いでいるように思われる。そもそも古代出雲王国を築いたのは、おそらく朝鮮半島から出雲に渡ってきた人たちだっただろう。彼らは出雲の海から朝鮮半島や日本海沿岸各地へ交易をひろめ、発展させた。縄文時代の三内丸山集落の人たちが日本海交易に進出し盛んにした流れを継続発展させていたのではないか。46頁に記したDNA検査を尊重すれば、とくに東北地方と出雲は格別な交流を結ぶようになったのかもしれない。実際、出雲は海上交易の一拠点になったのだろう。

いつからか出雲大社の前は神門水海《かんどのみずうみ》と呼ばれる大きな入り江になっていた。人々がここに多く集まり九州や朝鮮半島などと活発に交流し、山陰地方随一の交易港になったと考えられている。神門水海の港に建てられた物見櫓は、出雲王国が発展するに従いしだいに大きく建てなおされていったことだろう。

『古事記』『日本書紀』（以下『記・紀』と記す）を読むと、支配地をひろげ大きく繁栄した出雲王国は、強大化したためにやがて天つ神《あまかみ》などと自称する一団にその支配地を奪われることになる。圧倒的な武力の差があったのだろうか。『記・紀』は戦闘のことは書いていないが、『古事記』にはオオクニヌシの息子タケミナカタが天つ神の使者タケミカズチに力競べを挑み敗れたことが書かれている。これは戦闘のあったことを示すのだろうか。いやそうではない、これは「タケミカズチの神威《しんい》を称揚《しょうよう》せんがために作り出された挿話《そうわ》」なのだとする研究者の指摘がある。(注11)『記・紀』では「国譲り」は談判で行なわれたことになっている。

結局、出雲王の命と引き換えに本拠地の存続だけは認められ、ついに王朝の繁栄を終えることになるが、その権力移譲のとき、王の魂を祀る神殿の建設は許される。これが出雲大社のはじまりとなる。そのとき出雲の民はその神殿を、この国の繁栄を見続けた物見櫓のところに築くことを選んだ――のではないだろうか。この章の最初のところで引用した考古学者森浩一の、「大きな港町には、入り口に高い望楼があり、出雲大社もそれの名残の一つであろう」という指摘は、このことを指すかと思われる。強大な国を築いた王を鎮魂するにはもっともふさわしい場所といえるかもしれない。

それまで出雲から大和にいたる一帯は出雲王国が治めていた。「この奈良県という土地は、もともと、出雲王朝の植民地のようなものであったのだろう。神武天皇が侵入するまでは出雲人が耕作を楽しむ平和な土地であったに相違ない」と司馬遼太郎が書いているが、(注12)けっきょく出雲王国はどこからかやってきた一団(神武)に敗れ、大和一帯の支配権は奪われる。新王権のもとで本拠の出雲一国と民だけは安堵されるが、その代償が出雲の王オオクニヌシを神に祀ることであった。

そのオオクニヌシの祀られる社について、談判のときに天つ神に遣わされた武神タケミカズチの言葉として、『日本書紀』はつぎのように書いている。

お前が住むべき天日隅宮《あまのひすみのみや》は、今造営してやろう。千尋《ちひろ》もある長い栲縄《たくなわ》で、しっかりと結んで百八十《ももやそ》結《むす》びに造り、その宮を建てる基準は、柱は高く太く、板は広く厚くしよう。また御料田を提供しよう。またお前が往来して海で遊ぶ備えのために、高橋・浮橋と天鳥船《あまのとりふね》も造ろう。また天安河《あまのやすのかわ》にも打橋を造ろう。また繰り返し縫い合せたじょうぶな白楯《しらたて》を造ろう。またお前の祭祀をつかさどる者は、天穂日命《あまのほひのみこと》である。(注13)

これから死を与える者に対して丁重《ていちょう》ともいえる扱いに読める。よくぞ国を譲ってくれた、よくぞ死を承諾してくれた。お前の住む天日隅宮は確かに造ってやろう。お前の霊と出雲の民は天穂日命に必ず守らせると、倒した者に誓っているようだ。アマノホヒノミコト（アマテラスオオミカミの子）はオオクニヌシの霊を守り、長く使命を果たしている。「金輪御造営差図」を伝えてきた出雲大社の宮司千家家はアマノホヒノミコトの子孫とされている。

しかし『古事記』ではオオクニヌシが頼んだように書いている。両書とも天つ神の子孫を自称する側の人たちが同時期に編纂したものなのだが。

この葦原中国《あしはらのなかつくに》は、仰せのままにすっかり献上いたしましょう。ただ、私の住みかだけは、天つ神御子が天津日継《あまつひつぎ》を伝えなさる、〈とだる〉天の住居のように、大磐石の上に宮柱を太く立て、高天原《たかあまのはら》に千木《ちぎ》を高くそびえさせてお祭りくだされば、私は〈百足らず〉多くの道の曲り角を経て行った果てのこの出雲《いずも》に隠れておりましょう。(注14)

◉大和王権の苦悩

『記・紀』に出雲に関わることは多く書かれている。『古事記』の最初の神話の巻ではスサノヲとオオクニヌシの出雲に関わる話は全体の三分の一にもわたる。が、『記・紀』に記された出雲および出雲大社に関わる話は神話の巻だけではない。右の「国譲り」の際の天つ神の約束不履行は、新王権に長く禍根を残したようだ。

『記・紀』に第一〇代と記された崇神《すじん》天皇は実在した最初の天皇ともいわれ、そうならば初代天皇ということになるが（『記・紀』が初代とする神武天皇も崇神天皇も、和風諡号《しごう》を最初に国を統治した天皇の意のハツクニシラススメラミコトという）、その崇神天皇紀につぎのような話が書かれている。

疫病が流行して人民が死に尽きようとしていたとき、天皇の夢枕にオオモノヌシノカミが現れ「わが子のオオタタネコ（大田田根子）をして私を祀らせたならば、たちどころに平穏になるだろう」と告げた。そこでオオタタネコを探し出し、御諸《みもろ》山（三輪《みわ》山）にオオタタネコをつかわしさらに多くの神々を祀らせると、疫病はやみ国は平らかになった。オオタタネコはいまの三輪の君（三輪地方の豪族）らの始祖である。

大神神社拝殿とご神木の老杉　三輪山をご神体とするため大神神社に神殿はない

オオモノヌシノカミはオオクニヌシの同一神で、三輪山をご神体とする大神《おおみわ》神社の祭神であるが、崇神天皇がオオクニヌシを自らの版図の地に祀ったことになっている。『日本書紀』崇神記にはほかに崇神天皇の姑《おば》とされるヤマトトトビモモソヒメがオオモノヌシの妻となった話（箸墓伝説《はしはか》）も伝えている。

崇神天皇と御諸山についても森浩一はつぎのようにいっている。

「記紀が叙述する大きな骨組みでは、崇神が事実上の始祖王的存在になっている。この崇神の治世も最初は混乱したものであり、それを安定させる第一歩が御諸山《みもろやま》（三輪山）の祭祀であった。（注15）」

では崇神天皇はいつごろの人だっただろう。古代史家井上光貞は二七〇〜二九〇年ころの大王かといい（注16）、同水野肇は崩年《ほうねん》を三一八年とし在位期間を三世紀末〜四世紀初頭としている（注17）。ともに大きく違わないが、卑弥呼の死が二五〇年ころと考えられ、卑弥呼を継いだ壹与（イヨと読むか）が二六六年に西晋《せいしん》に朝貢《ちょうこう》したらしいことが中国の史書にあり、それを最後にしばらく倭国の情報が中国文献から消える。この壹与のあとそう遠くない時期に崇神王朝が建てられたことになる。

崇神の子の第一一代垂仁《すいにん》天皇の皇子ホムチワケノミコは長いあご鬚《ひげ》が伸びるまで「ものいわぬ御子」だった。『古事記』によ

標高 467m の円錐形の山容が美しい三輪山
（(財) 奈良県ビジターズビューロー提供）

れば垂仁天皇は夢で「我が宮を、天皇《おほきみ》の御舎《みあらか》のごと修理《おさ》めたまはば、御子かならず真事《まこと》とはむ」——わたしの御殿を天皇の宮殿のように造ったなら、御子がきっと物を言うようになるだろう——と告げられる。天皇は占いでこれはどの神の御心かと問えば、それは出雲の大神の御心によると知らされる。さっそく天皇が皇子を出雲にやって大神を拝ませたところ、皇子ははじめてものをいうことができた。天皇は喜び、「すなはち（略）、神宮を造らしめたまひき」と『古事記』（武田祐吉訳注 角川文庫版）は結んでいる。しかし造ったとは書いていない。『日本書紀』は、皇子は出雲には行かないが、皇子が飛ぶ鳥を見て声を発したので、天湯河板挙《あめのゆかはたな》にその鳥を追いかけさせ、出雲の地で捕らえたてまつると、皇子はものがいえるようになったと書いて、出雲の大神や大社の造営については記していない。

もうひとつ大社造営に関わる話を書いておこう。天智・天武天皇の母で第三七代斉明《さいめい》天皇五年（六五九）の『日本書紀』の記事に、

是歳《ことし》、出雲国造《いづものくにのみやつこ》 名を闕《もら》せり。 に命《おほ》せて、神《かみ》の宮《みや》を修厳《つくりよそ》はしむ。（注18）（「名を闕せり」とは「名前はわからない」の意）

とある。この「神の宮」が出雲大社を指すのか熊野大社かという議論があるが、出雲大社説を採る古代・中世史家村井康彦説を見てみよう。（注19）

修厳とは社殿を以前より立派なものに作り上げたことであろうが、この修厳が朝廷側の特別の事情によると村井はいい、それは前年に斉明天皇の孫の建皇子《たけるのみこ》が八歳で亡くなっており、この皇子は生まれながら「唖《おし》にして語《ものい》ふこと能《あた》はず」という障害を持ち、さらに生後間もなく母とも死別する。斉明はこの孫の皇子を不憫《ふびん》に思い限りなく愛《いと》しんだが、わずか八年で生を終え、斉明は激しく哀傷慟哭《あいしょうどうこく》した。

斉明は右に記した垂仁天皇の故事を思い、薄幸の孫のためになすべきことはオオクニヌシとの国譲りの約束を守ること、つまり十分でない出雲大社の造営に向き合うことだと自覚したのだ――と村井は説き、それは「孫を不憫に思う〝愛情〟と、飛鳥の地で大きな工事を行なっていた〝果断〟とを併せ持った斉明女帝をおいて他に求めることはできない」と結んでいる。

仮に斉明天皇がオオクニヌシへの償いから建てたとして、弥生時代から古墳時代を経て数百年が経過している。それほどまでに出雲の恨みは大和王権にとって重くのしかかっていたということか。斉明天皇の息子の天智天皇（右の建皇子の父）は蘇我本宗家《ほんそうけ》を滅ぼして大化の改新を断行し、その弟の天武天皇は壬申《じんしん》の乱を制して律令体制を整えている。

◉古代出雲王朝の亡霊

右は古代史家村井康彦の説をもとに記したが、事実上の初代・二代と考えられる崇神・垂仁天皇の、大和王権の曙のころの悔恨《かいこん》を、『記・紀』の編者たちはなぜそれほどくわしく書いたのだろうか。大和王権の曙の時代から『記・紀』編纂の時代までは四〇〇年くらい経過している。それでもなお出雲から国を奪った強い後ろめたさを持ち、出雲の怨霊を怖れていたのだろうか。オオクニヌシという名は「大いなる国の主」という偉大な名だが、これは大和朝廷側がつけたものらしく、『出雲国風土記』には書かれていない。

以下は一古代史愛好者としての私見だが、「国譲り」とその後の出雲と新王権とのいきさつについては、『記・紀』編纂時においても語り伝えられており、あるいは各氏族の家記にも記されていて、公然たる秘事だったからではないか。出雲の人々（あるいは語部《かたりべ》）は「国譲り」についてはすべてを語り伝えていただろう。よく知られる『古事記』の序文によれば、天武天皇は、諸家が伝える記録は真実と異なり多くの偽りをくわえている。それを改めなければならないといって編纂を命じたとあるが、天皇家につごうのよい歴史書を残そうとしたのであろう。しかし編纂した朝廷の貴族たちでさえ『記・紀』に記した神代の物語を信じてはいなかったのに違いなく、結局、「国譲り」の際の出雲への理不尽さは隠しきれなかったということになる。

平安時代中期に源為憲《ためのり》という貴族が書いた『口遊《くちずさみ》』という児童向け学習書に、出雲大社は奈良の東大寺大仏殿よりも大きく日本一だと記されている。(注20) 創建時の大仏殿の高さは一五丈とも一五丈六尺とも伝えられ、後者をとれば四六・八メートルだ。『口遊』の書かれた平安中期（九七六）にはそれに匹敵するか上回る出雲の巨大神殿が建てられていたことになる。しかし「国譲り」のあと、天孫族は約束の神殿を造らなかった。おそらく敗れた出雲人が彼らにとっては精いっぱいの神殿を祀ったのであろう。それは出雲の浜に建っていた物見櫓のところではなかっただろうか。それを約束の大神殿に造り替えたのは斉明天皇かのちの大和王権か、それはわからないが、そのような大工事はときの王権でなければ不可能だろう。

古代出雲歴史博物館に展示されている復元神殿模型は、緊密に組まれた九本の太い柱の上に一宇《いちう》の社が載っただけの姿である。架けられた階《きざはし》をはずせば、巨大な物見櫓から発展した姿のように見えなくもない。さらにその形は弥生時代以降の主要な建造物となった、高床式倉庫の柱を長くした姿のようにも見え、縄文遺跡三内丸山の六本柱建物に発する古代巨木建築の流れすらうかがえる。

『記・紀』が書かれたときには、大和王権による立派な社殿が建てられていた。(注21) だから『日本書紀』にタケミカズチの言葉として、あのように（誇張されているが）具体的に書くことができたのだろう。

この項の最後に、古代出雲大社造営に関する司馬遼太郎の文章を引いておこう。(注12の同書)

古代国家にとって、これほどの大造営は、国力を傾けるほどのエネルギーを要したであろう。しかし、大和や山城の政権は、それをしなければならなかった。その必要が出雲にはあった。十六丈のピラミッド的大神殿を建てねば、出雲の民心は安まらなかったのである。古代出雲王朝の亡霊が、なお中古にいたるまで、中央政権に対して無言の圧力を加えていたと私はみる。

第二章

古代文明開化の槌音が響く

◉文化とは人が創ったもの

文化という言葉をいくつかの辞書で引いてみると、それぞれに字数を費やして字義がつづられ、興味深い。だがつきつめていえば、文化とは「人が創ったもの」ということになるのではないか。本書のテーマの「木の文化」も、私たち日本人が木で作り出したものという意味であり、木でさまざまなものを造り続けながら、それはつまり日本人の一面を創ってきたのではないか、と考えている。

考古学の時代区分では縄文時代は新石器時代にあたるそうだが、書いてきたように青森県の三内丸山遺跡からは六本柱の物見櫓や巨大な竪穴建造物のほか住居や高床倉庫跡が多数確認され、富山県の桜町遺跡からはのちの時代に発展する高度な木組み工法の遺構も発見された。北陸一帯から北海道あたりまで航行するくり舟まで造られていた。石の時代というより木の時代というほうがふさわしいのではないだろうか。

さらに暮らしの各場面で、木の文化は多彩に工夫されていたと思われるが、木製品は腐ってしまうため出土することが少なく、日常的なことはわかりにくい。これまで本書では縄文時代は木の文化のはじまった時代と書いてきたが、竪穴住居の中で大きな土器鍋に海産物そのほかを煮れば、鍋の中を攪拌《かくはん》し取り分ける杓子《しゃくし》や椀《わん》、箸《はし》などは作られただろう。鍋料理は手では食べられない。縄文式土器の小鉢や碗、また木の匙《さじ》・椀も出土している。そのほか暮らしの用具や玩具、便利品のようなものも豊富な木で工夫したのに違いない。

箸は、遣隋使など中国を訪れた使者が先進国の作法や習慣に接し、文化として持ち帰ったひとつであろうと説く資料がある。が、それとは別にわが国でも箸文化は早くから生まれていたとする考え方があり、筆者もその考え方に従いたい。「魏志倭人伝」に倭人は「飲食には籩豆《へんとう》（高坏《たかつき》）を用い、手もて食らう（手で食べる）」とあるが、高坏に盛ったのは見た目もよく手で食べやすい料理で、使者はそれを宴席で見たのではないか。当時米は蒸して強飯《こわいい》にしたりおかゆにして食べたようだが、おかゆには匙《さじ》か箸が必要だろう。「倭人伝」が描いた弥生末期は米の生産が盛んになって、主食副食が分離した時代だといわれる（第一章注４の同書）。弥生中期の小松市八日市地方（大型集落）遺跡からは、木製の匙と杓子が大小複数出土し、形もよく残っている。

西洋で箸は生まれなかった。西洋では中世まで王侯貴族も手で食べていたらしい。調理人が各自に切り分けた肉料理等を、手でつまんで口に運んでいたという。中世にフォークが作られてから現在のような習慣になったようだが、金属のフォークとナイフより木の箸と匙のほうが人にも食べものに優しく、美しく思える。西洋人の身近に木の文化がもっと豊かだったら、箸が工夫される機会もあったのではないか。

もうひとつ身近なものから一例をあげるなら、弥生時代後期の登呂遺跡（静岡市）から田下駄が出土し、古墳時代の遺跡（四条畷《しじょうなわて》市岡山南遺跡）からは鼻緒《はなお》のすげ方がいまとおなじ下駄が出土している。湿田での農作業時にはく大きな田下駄は弥生時代に稲作とともに伝わったようだが、これを日常の履物に発展させたのは日本人だけらしい。右の古墳時代中期の下駄の形はほぼいまのものとおなじだが、歯は削り出した一木作りで長く使われたらしくすり減っており、板の指の位置も凹んでいる。

日本人がいつごろから草鞋《わらじ》などの履物を使うようになったのかは不明だが、「魏志倭人伝」には「倭人は皆裸足である」と書かれている。しかしこれもそのまま受けとっていいものかどうか。後期縄文人は狩猟採集のとき履物を着けていただろうとする考え方もある。

中世の絵巻物を見ると、身分のある者は草履《ぞうり》を履いているが一般庶民は裸足が多く、下駄は僧が履いている。自然風景をとり入れた細密な描写で評価が高い『一遍《いっぺん》上人絵伝』（鎌倉時代後期）では一遍やつき従う僧体の者が下駄（やや歯の高い足駄《あしだ》のようだ）を履いており、やはり丹念な風俗描写で評価のある本願寺三世覚如《かくにょ》の伝記絵巻『慕帰《ぼき》絵《え》』（南北朝時代）にも、覚如のものと思われる黒く塗られたりっぱな下駄が踏み石の上に描かれている。僧が下駄を履く習慣は定着していたようだ。また平安時代末期に作られた「扇面古写経《せんめんこしゃきょう》」の下絵に、足駄を履く中級層の女性がふたり描かれている。扇面古写経とは扇形

『餓鬼草紙』に描かれた歯の高い下駄で用を足す人々（東京国立博物館所蔵）

の紙に風俗絵などを描きその上に経文を重ね書きしたもので、右の一点は大阪四天王寺に伝わる。平安時代末期〜鎌倉時代初期に描かれた絵巻物『餓鬼草紙《がきぞうし》』には、歯の高い下駄（高足駄）を履いて道端で用を足す人たちが描かれており（下駄で歩く僧も見られる）、当時の環境を想像すると、足駄は雨の日の泥やそのほかの汚れ除けに使われたのかもしれない。戦国の世でも武士は足袋に草鞋、雑兵は裸足か草鞋で戦にのぞんだというから、履物文化はあまり発達しなかったようだ。

江戸中期になっていまの一般的な駒下駄が普及し、江戸の街に専門店もできようやく現代にまで伝わる庶民の文化となった。しかし現在では下駄が日常に使われることは少なくなり、「カランコロン」からイメージを浮かべられるのは、いまでは高齢者だけということになるのだろう。

木が豊富にあるということは、身の回りの生活用具は木で作るようになる。日本人が西洋人にくらべて器用だといわれるのは、古代から木材が豊富にあったからではないか。椀・皿・箸・食台・整理箱などの日常品から戸棚・櫃《ひつ》・箪笥《たんす》などの家具、さらに障子や遣戸《やりど》ほかの建具……と、そこから庶民による職人の生業《なりわい》が生まれ、やがてすぐれた工芸技術も育ち、日本の主要な文化として受け継がれてきた。流通経済面から一例をあげれば、室町時代に伝わった大鋸《おが》（丸太をふたりがかりで縦に切る大きな鋸《のこぎり》。大板ができる。119頁図版参照）と台鉋《だいがんな》（いまの鉋とおなじ。やがて槍鉋《やりがんな》と入れ替わる）により手軽に大きな板製品が生まれ、そこから大樽が量産されて、室町期以降、酒・味噌・醤油などの大量輸送を可能にした。これが経済発展に大きく貢献することになる（次章スギのところで詳述）。

世界の古代文明の地では、一般社会の住居は日干し煉瓦などで造られ、石造の建物は王宮や権力者の住居などで発展し、やがて西洋は石造住居の社会となる。理由は木が少なかったからで、生活用具も木製品は日本のように多彩ではなかっただろう。日本は支配層でも石の家は造らなかったし、日干し煉瓦は倉庫にも使われていない。近代になるまで日本の建物は土蔵以外ほとんどが木で造られてきた。土蔵造り・塗屋《ぬりや》造り（土を塗り込める）・瓦葺きは江戸中期に防火対策として奨励されたのだが、これが木造建物とあいまって江戸の街並みの美化につながる。石が建造物に使われたのは城の石垣くらいだろう。

◉瓦・畳・椅子など

建物の造作は木でまかない、屋根と畳も植物素材をもちいた。屋根の檜皮《ひわだ》葺き・杉皮葺き・茅《かや》葺きなどは日本の工夫で中国からの移入ではなかった。京都御所などの檜皮葺きや伊勢神宮の茅葺きは一級の工芸品を見るようだが、高位な建物の屋根に植物材料を使っているのは日本だけだろう。飛鳥寺の建造（次項以降で詳述）のときにはじめて瓦が伝わり、唐の都城《とじょう》制をとり入れて造った最初の帝都藤原宮では二〇〇万枚、つぎの平城宮では五〇〇万枚の瓦を使ったというが、内裏《だいり》の屋根は檜皮葺きで、これは平城京を経て平安京以降に受け継がれた。

なぜ天皇の住まいの内裏屋根が瓦葺きではなく檜皮葺きなのか、その理由はよくわからないのだが、たんに内裏は私的な居住域であるため公的・政治的な建物と区別したというのが大きな理由とも考えられよう。清少納言が『枕草子』で瓦葺きは暑いようだと書いているので、案外これも正解のひとつなのかもしれない。古代人は暑さを嫌ったらしい（次章で記述）。

古代の瓦はいまのものよりはるかに重かった。奈良や京都の古い寺では現在でも見られるが、丸瓦と平瓦の二種からなり平瓦と平瓦の間に半円筒形の丸瓦を伏せるように置いて雨を左右に分ける。礎石建てで重厚な木組みの本格寺院を上からの重みで押さえる役目もあり、重いことにも意味があった。

なおこの古代寺院用の重い瓦は、その後長く改良されることがなかった。現在使われている一枚ものの軽い桟瓦《さんがわら》は、ようやく延宝二年（一六七四）になって近江（滋賀県）三井寺の瓦師西村半兵衛により千余年ぶりに改良考案されたものだ。

江戸幕府八代将軍吉宗の行なった享保の改革以降、この軽くて安価で作業時間も短い桟瓦はひろくいきわたることになるが、火災に強い都市改造を模索していた吉宗はこの桟瓦をよろこんだことだろう。江戸に美しい屋並みの風景ができるのはこれ以降のことである。

明治になって多くの西洋人が日本を訪れたが、日本の切妻《きりつま》・寄《よせ》棟《むね》・入母屋《いりもや》造りの屋根に甍《いらか》の連なる眺めの美しさは、彼らが数多く書き残している。もちろん日本人も甍《いらか》屋根の美しさは意識していた

奈良では寺院などで古代の瓦はいまも見られる　写真は平城宮跡にて

ようで、「甍を並ぶ（瓦葺きの立派な建物が並ぶ）」「甍を争う（屋根の高さを競うように、大小の建物がぎっしり並ぶ）」「甍改まる（改築される）」などの言葉も生まれた。

畳はワラを縫い固めて作った畳床《たたみどこ》を、イグサで編んだ畳表で覆って作る。木の材料ではないが木造住宅に完全に一体化して溶けあい、これも日本のオリジナル文化だ。「たたみ」という語はもともと菰《こも》や蓆《むしろ》を重ね敷くことを指し、八世紀ころその菰や蓆を縫い合わせ、布で縁取りしたものを畳と呼んだようだ。現存する最古の畳は聖武天皇が使った「御床畳《ごしょうのたたみ》」（正倉院蔵）で、真菰《まこも》を編んだ蓆のようなものを五、六枚重ね、木製の台の上でベッドのように使ったらしい。

平安時代の寝殿造り《しんでん》でも畳はまだ特権者を象徴するもので、貴人の座るところや寝室などで使われた。身分の高い貴族の座る畳は大きく厚く、さらに畳の縁の色や模様が身分により区別され、神仏と天皇は繧繝縁《うんげんべり》、親王や公卿などが高麗縁《こうらいべり》だった。『小倉百人一首』の絵札にも見られる。畳を部屋全体に敷き詰めるようになるのは室町時代以降の書院《しょいん》造りになってからで、貴人用の一段高い畳が上段の間に変化したと考えられている。

日本人は畳をこよなく愛おしんでいるが、一般庶民が畳の上で暮らせるようになったのはそう昔のことではない。世界のどの文明でも、最初は床座《ゆかざ》だった。それがやがて権力者から椅子座《いすざ》となるのにそれほど長い歴史は要しなかっただろう。日本で畳が普及してからは椅子はとくに必要とされなかっただろうが、畳が普及する以前の長い時代に、なぜ椅子文化は出現しなかったのだろうか。木は豊富にあったのだが。

この疑問に対し生活史研究家の小泉和子はつぎのような興味深い解釈を示している。[注1] 以下は要約。上代において座具はたんに座るための用具ではなく、一段高くしたゆゆしき場所だった。藤原宮以降の大極殿《だいごくでん》では、高い段の上方に飾りのついた天蓋《てんがい》を備え、帳《とばり》を垂らした高御座《たかみくら》が設けられて、そこに椅子が置かれていた。つまり椅子は天皇の権力の象徴であったため、天皇家以外では使えなくなったと考えられ、「ここで貴族層にイス座が浸透しなかったことが、その後の方向を決定づけた」――。

奈良市の平城宮跡資料館に、当時の役人が使っていた事務机が模型で展示されている。簡易なものだが座机と椅子机の両方があるので、奈良文化財研究所に尋ねてみたところ、高位の役人が椅子机を使い低位の役人は座机だったと思われるとのことだった（座机の天板が出土している）。当時の中級以上の貴族・役人の住まいはひろい敷地にいくつもの建物を建てていたが、主要な建物以外は土間《どま》のとこ

平城宮跡に復元された第一次大極殿（上）
と殿内の中央部に据えられた高御座（下）

ろがかなりあっただろう。そこは作業場にもなったと思われるが、そこに簡易な作業台と椅子を置くということはなかったのだろうか。作業によっては椅子と台のほうが能率が上がる。しかしさまざまの日常用の木製品は土の中で消えてしまったのだろう。

椅子が使われた形跡を調べてみると、まず椅子の埴輪《はにわ》が数多く出土している。東京国立博物館所蔵の椅子埴輪は装飾が刻みこまれた肘掛け付きの立派なもので、権力者のものであろう。巫女《みこ》と思われる女性が立派な椅子に座したものや男子が座ったもの、また椅子だけの埴輪も全国的に多い。埴輪に造られたほどだから椅子は古墳時代から特別のものだったのだろう。正倉院御物に「赤漆槻木胡床《せきしつつきのきのこしょう》」という鳥居形の背と両脇に欄干の付いた椅子が伝わっているが、これは東大寺の高僧用のものらしい。のちの禅宗寺院では法要のさいに僧侶が使った曲《きょく》ろくという椅子があった。平安貴族が使ったものとしては『年中行事絵巻』（十二世紀後半の成立）に描かれた宮廷の内宴の場面で、横長のテーブルを挟んで貴族四人が向かい合って腰掛に座している。しかしこれは床子《しょうじ》という台状の腰掛で、椅子というよりスツールのようだ。平安時代も椅子が使われた形跡は薄い。

書院造りのあと畳が敷き詰められてからの史資料からは、椅子らしい椅子が使われた形跡は見つけ

椅子に座る男の埴輪　奈良県石見遺跡出土（橿原文化財研究所附属博物館提供）

られなかった。たしかに日本人は日常生活に椅子文化を採り入れなかっためずらしい民族だったらしい。日本の一般の暮らしに椅子が採り入れられるのは明治になってからで、公共の場で椅子が採用された最初は文明開化後の小学校かもしれない（椅子その他については拙著『木の国の歴史』にも詳述したので参照されたい）。

◉突然出現した巨大寺院

木の国日本の木の文化を象徴するものといえば、飛鳥時代に突然現れた仏教寺院ということになる。しかしその出現の仕方は謎に満ち満ちているので、その不思議の解明に踏み込んでみたい。

飛鳥の中央部に、古代の仏師鞍作止利《くらつくりのとり》が造ったという飛鳥大仏を安置する飛鳥寺がある。見どころはこの本尊と寺の後方の野の中にポツンと建つ、蘇我入鹿の首塚と伝える五輪塔くらいだが、古代の歴史ロマン探訪のベースポイントのように親しまれ、いつ訪れても見学者で賑わっている。飛鳥大仏は鎌倉時代の火災で破損し、顔や手な

約1400年前に造られた古代飛鳥寺の本尊
いまは飛鳥大仏と呼ばれ親しまれている

ど以外は中世以降の補修とされてきたが、平成二十四〜二十五年に美術史家大橋一章のX線分析により、大部分が飛鳥時代のまま残っている可能性が指摘され、大きな話題となった。

この蘇我馬子発願《ほつがん》といわれる飛鳥寺がわが国最初の本格寺院で、いまの法隆寺は一塔一金堂形式で建てられているが、飛鳥寺は一塔三金堂形式で建てられていた。造りはじめたのがいまから約一四三〇年前の崇峻《すしゅん》元年（五八八）で、建造には約二〇年を要したと考えられている。そのころ大きな建物といえば王宮と豪族たちの屋敷くらいだったから、飛鳥寺の完成はこの世に仏の御殿が出現したかのような光景だったに違いない。そのときの飛鳥人の驚嘆・感動は想像を超えるものだっただろう。このころの飛鳥の王宮は代替わりごとに数カ月ていどで建て替えられたようだから、飛鳥寺にくらべたら簡素なものだった。飛鳥寺の創建の意義について、二〇一九年に一〇〇歳で亡くなった古代史家の直木孝次郎は「日本古代の美術史上・文化史上、もっとも大きな意義をもつできごとの一つは、飛鳥寺《あすかでら》の建立であろう」といっている。(注2)

王宮のほかさほど大きくもない豪族の屋敷が点在するだけの飛鳥の野に、飛鳥寺に続き多くの寺々が建造ラッシュのように建てられる。礎石建て総瓦葺きの本格木造寺院という複雑な建物を、どうして突然つぎつぎと造ることができたのか。飛鳥寺はひとつの五重塔を囲むように三つの金堂があったが、その中心となる中金堂《ちゅうこんどう》のあったところが現在の飛鳥寺で、飛鳥大仏は中金堂の本尊だった。飛鳥寺完成のころ聖徳太子により法隆寺が発願され、法隆寺に続いて四天王寺（大阪）が建てられて、その後飛鳥寺完成から七二年後の天武天皇九年（六八一）までに、飛鳥一帯に二四もの寺が建てられたと『日本書紀』に記されている。いま飛鳥・藤原京時代の古代寺院の遺跡はそれよりも多く確認されているので、この数字に誇張はないようだ。

七二年間に二四の寺を建てるということは三年でひとつの寺を造ったということになり、これはまったく不可能である。この寺院建造のはじまりのころは技術者が限られていたことなどから、ひとつの寺でも五重塔・金堂・中門・回廊などを順に造ることになり、同時進行ではない。ましてや技術者がいくつかの寺を掛け持ちすることもなかっただろう。多くの寺は一塔一金堂だったようだが、五重塔・金堂はそれぞれ五年くらいで造ったと考えられ、他に中門・講堂・回廊などがある。飛鳥寺は本格寺院建造第一号だった上に一塔三金堂だったから、完成までにおよそ二〇年余かかった。

ひとつの寺を建てるのに二〇年というと、ずいぶん長くかかったと思いがちだが、昭和の薬師寺金堂・西塔・中門の三つの再建に一九年を要し、平成の興福寺中金堂の再建に八年を要している。はじめての飛鳥寺建造に二〇年余、そのつぎの法隆寺に約一五年という工期は、工具など建築要件の大きな隔たりを考慮すれば、驚くべき早さといえるのではないか。

伝・蘇我入鹿首塚から飛鳥寺方面を望む

天武天皇九年までに建てられた二四の寺々とは、舒明《じょめい》天皇が仏教推進の主導権を蘇我氏から奪うために発願した百済大寺《くだらのおおでら》ほか、天智天皇勅願《ちょくがん》の川原寺（一塔二金堂形式）や渡来系氏族の氏寺などで、それらのおもなものは現法隆寺（西院伽藍）と同等かそれ以上の規模だったらしい。百済大寺は現法隆寺の二・五倍から三倍という規模の巨大な勅願寺で、のちに国家仏教の頂点に立つ大官大寺《だいかんだいじ》となる（平城遷都後大安寺《だいあんじ》と改名）。そのシンボルのようだった九重塔は基壇の一辺が約三二メートル、高さは一〇〇メートル近くあったという。これらの技術者はどのように調達したのだろうか。なお九重塔は鎮護国家仏教の象徴として、北魏《ほくぎ》の永寧寺《えいねいじ》や新羅《しらぎ》の皇龍寺《こうりゅうじ》、百済《くだら》の弥勒寺《みろくじ》にも建てられており、百済大寺もそれらに倣《なら》ったものと思われる。

◉最初の寺院はどのように建てられたか

さて飛鳥寺の創建は画期的なできごとではあったが、古代のことで詳細はほとんどわかっていない。飛鳥寺についてはこれまでも拙著に書いてきたが、視点をひろげてその不思議にもっと踏み込んでみたい。

このことは『日本書紀』にサラリと書かれてはいる。飛鳥寺の建造を着手した崇峻元年（五八八）に、親交のあった百済から仏舎利《ぶっしゃり》と僧侶六人等のほか寺工《てらだくみ》二人・鑪盤博士《ろばんのはかせ》一人・瓦博士《かわらのはかせ》四人と畫工《えだくみ》一人、合計八人の技術者が献上され、その年に建造がはじめられたとある。もちろん寺工二人は指導者で、飛鳥にいた技術者たちが集められ建造されたのだが、これについてはあとで詳述する。続けて、崇峻三年十月に「山に入りて寺の材を取」り、同五年十月に「大法興寺《だいほうこうじ》（飛鳥寺）の佛堂《ぶつどう》（金堂）と歩廊《ほろう》とを起《た》つ」と記し、推古四年（五九六）十一月には「法興寺、作り竟《おわ》りぬ」とある。この記事の通りとするとわずか八年で飛鳥寺が建てられたことになるが、もちろんこれらは誤り（『日本書紀』の記述には誤りがある）。

「山に入りて寺の材を取」ってから五年後の推古四年に造り終えたのは五重塔で、同八、九年ごろに中金堂が建ち、同十六、十七年ごろに東西両金堂が整ったと考えるのが有力のようだ。この説に従えば五重塔と中金堂（一塔と一金堂）まで約一二年、一塔三金堂の完成までは二一年を要したことになるが、技術者が少なかったにもかかわらず、一塔・一金堂・中門と回廊をそれぞれ四～五年で造り上げたようで、新しい時代を迎えるマジックのようなエネルギーを感じさせる。

飛鳥寺の出現は飛鳥の人々をびっくりさせたに違いないが、じつは昭和の人々をも飛鳥寺は驚かせた。昭和三十一年（一九五六）五月から翌年八月まで行なわれた発掘調査で、一塔一金堂と思われていた伽藍《がらん》が一塔三金堂であることが判明したのである。それまでは南から北へ中門・塔・金堂と並べた、聖徳太子創建の大阪の四天王寺式伽藍配置がわが国でもっとも古く、中門内に一金堂と一塔を東西に並べる再建法隆寺式や法起寺《ほっきじ》式（両寺では五重塔と金堂の東西が逆）がそれに次ぐものと思われていたので、この壮大な伽藍配置の出現に古代史・建築史に関わる人たちは驚愕《きょうがく》したという。なお創建法隆寺も四天王寺式伽藍配置だった。

飛鳥資料館に飛鳥寺と川原寺の復元縮小模型が展示されているが、模型とはいえ史料観察の価値は高い。飛鳥寺跡の発掘調査から五重塔の基壇の寸法が現法隆寺とほぼおなじで、中金堂は飛鳥寺のほうがすこし大きかったこともわかった。飛鳥寺の完成のころに創建法隆寺の建造がはじまったと思われるので、創建法隆寺は飛鳥寺建造の経験を生かして（伽藍配置は違うが）おなじように建てられ、また現法隆寺は創建法隆寺とおなじ建築様式で再建されているという。わが国ではじめて建てられた飛鳥寺は、堂塔の構築が現法隆寺と同水準でさらに大規模の寺容だったのである。

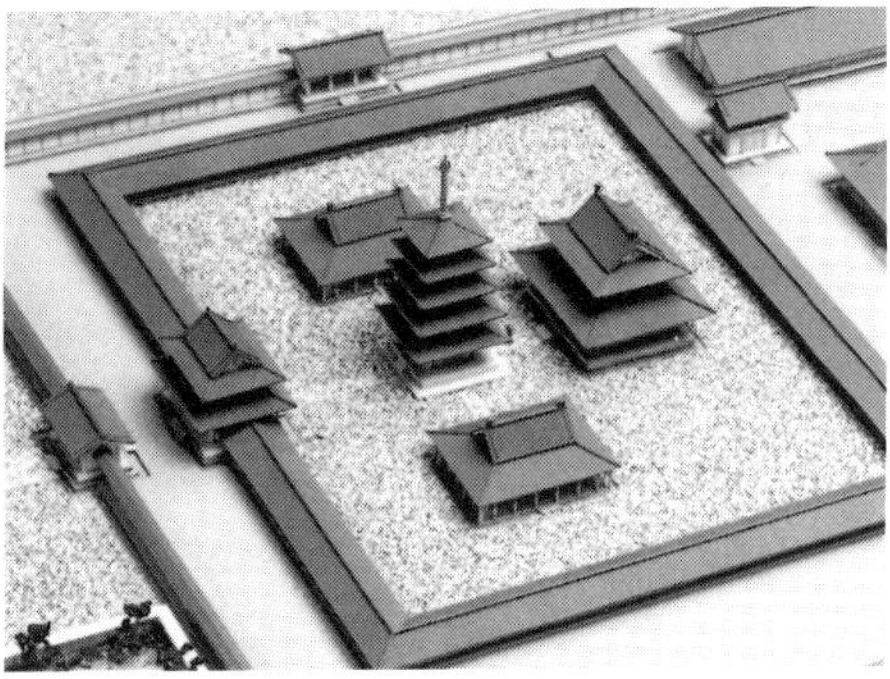
飛鳥資料館に展示されている古代飛鳥寺の復元模型（奈良文化財研究所提供）

◉百済の寺工はヒノキを知っていた…

ところで古代から現代まで、建材の最優良樹種として使われてきたヒノキとスギは日本の特産樹種だ（第三章に記述）。とくにヒノキは木目が細かく緻密で、歪みが少なく加工がしやすいという特性を持ち、まさに寺院建築にはうってつけの建材だった。このヒノキとスギは朝鮮半島には生育しないため、百済から派遣されたふたりの寺工には、ヒノキによる大寺院建築の経験はなかっただろう。日本の古代寺院はほとんどすべてヒノキで造られているが、朝鮮半島ではマツが建材として多用されてきたそうだ。以後の日本ではマツは幹がまっすぐに生育しない、節やヤニが多いなどの理由から、建材としては敬遠されている。ただ百済の寺工が日本の優良樹種であるヒノキを知らなかったとも思われず、つぎのような指摘がある。

農学博士小原二郎の指摘。――扶余《ふよ》陵山里《りょうざんり》にある歴代百済王の古墳の巨大な棺《ひつぎ》がすべてコウヤマキで造られていることがわかった。コウヤマキは世界で一属一種日本にしか産しない樹種だから、この歴代百済王の棺材は日本から運ばれたのだろう。さらに中国には産するが朝鮮には分布しないコウヨウザン（広葉杉）や朝鮮では済州島以北では産しないクスノキの出土もあり、当時木材の海上輸送が行なわれていたことがわかる（要旨）（注3）――。

以下は筆者の想像だが、このような大きな木材の海上輸送が当時あったとすれば、ヒノキも寺院を建てるほどの量は無理としても、何らかのものが運ばれていたかもしれない。そうであれば日本で本格寺院を建立するために献上された百済第一級の寺工は、ヒノキの特性をあるていど理解して来ていただろう。もっと想像するなら優良な日本のヒノキをふんだんに使って寺院を建立することに、寺工としての意欲をたぎらせていたのかもしれない。

ヒノキで寺院を造ったことのない百済の寺工と、建材としてのヒノキはよく知っているが本格寺院は建てたことがない飛鳥の渡来系技術者たち。さらに渡来系上級技術者は多くの下級技術者（日本人をふくむ）を率いて仕事をすることになるが、上級技術者には充分な研修が必要だろう。少なくとも百済からの技術者献上の年に飛鳥寺が造りはじめられたという『日本書紀』の記述を、そのままに受けとることはできない。百済の寺工もヒノキを熟知する必要があろう。

なお直木孝次郎は注2の同書で、右に書いた飛鳥の上級技術者と下級技術者の組織について、「おそらく六世紀以前の日本にすでに成立しており、貴・豪族あるいは一般民衆の要望にこたえて、ある程度の技術が錬磨《れんま》されていたと思われる」とも書いている。飛鳥などにいた渡来人はすでに二世・三世になっており、優れた建築技術者はエリートとして評価されていたかもしれない。しかし飛鳥寺・法隆寺創建とそれに続く本格寺院建造ラッシュの謎は、やはり何らかの解明が望まれる――。

◉技術研修についての一考察

右の飛鳥にいた渡来系技術者の研修・育成や飛鳥寺以降の建造ラッシュの不思議を、あざやかに解決してくれる考察がある。美術史家大橋一章が、この不思議を解き明かしていた。(注4)『日本書紀』に、百済から僧と技術者が派遣され飛鳥寺が造りはじめられる崇峻元年より一一年前の敏達《びたつ》六年（五七七）に、やはり百済から経論《きょうろん》若干巻と律師《りっし》・禅師《ぜんじ》・比丘尼《びくに》・呪禁師《じゅこむのはかせ》(注5)とともに造仏工《ほとけつくるたくみ》・造寺工《てらつくるたくみ》がひとりずつ献上された、とあるのに注目する。

ただこの律師らとふたりの技術者は個人名が記されてなく、また日本に来て何をしたのかについても『日本書紀』に記載がなく、彼らによって建てられたと思われるようなものも確認されていない。そのことから直木孝次郎はこのふたりの「造寺工・造仏工の渡来が史実かどうかも疑われる」と、注2の同書で書いているが、この直木の疑問が正しければ、これから見ていく大橋説はもちろん成立しなくなる。しかし大橋説は、ほとんど何も見えない古代寺院建造ラッシュの風景を描き出すのに、大いに役立ってくれる。ここは『日本書紀』の記載のままに話をすすめよう。

大橋説ではこの敏達六年に献上された造仏・造寺ひとりずつの技術者が教官になって、寺造りと金銅仏造りの技術を飛鳥にいた渡来系の上級技術者たちに教え、一〇年をかけて育成したのであろうと推理する。そして本格寺院の建造着手の見込みが立った崇峻元年に新たな百済からの技術者献上となり、飛鳥寺建立が着手されたのだろうとする。この最初の一〇年間で育成された工人の数は造寺工が二〇人、造仏工が一〇人くらいで、彼らにそのほかの技術者や作業人が多数ついて、飛鳥寺は建てられることになる。この造仏工一〇人の中に、飛鳥寺と法隆寺の本尊を造った鞍作止利がいたのだろうとも推理している。

大橋説では、敏達六年に遣わされたふたりの百済人技術者による教室はその後も続けられ、巨大な勅願寺百済大寺が発願（六三九）された飛鳥寺完成の三〇年後ころには、造寺工六〇〜七〇人、造仏工は三〇〜四〇人くらいがいたのではないかと推測し、そしてこのわが国最初のエリート技術者の後進たちが、その後の天武・持統朝の造寺・造仏をリードしていったのだという。

この大橋説によれば、さきに掲げた不思議はほとんど解決される。ただあまりにみごとに解決されてしまうので、多少の不安がなくもない。敏達六年の百済からの造寺工・造仏工ひとりずつの献上と一一年後の崇峻元年の八人の技術者の献上は、プランとして連動していたことになるが、敏達六年における飛鳥寺創建の発願者蘇我馬子は、まだ廃仏派の物部守屋《もののべのもりや》を倒し朝廷での権力掌中《しょうちゅう》を実現していない。馬子が守屋を倒したのは敏達六年の一〇年後の用明二年（五八七）のことで、そのすぐ翌年の崇峻元年に、百済から経論若干巻と律師・禅師等および造寺工・造仏工が献上され、飛鳥寺建造がはじまる。

『日本書紀』（崇峻天皇即位前紀）は守屋との戦いで馬子が苦戦に陥ったとき、厩戸《うまやど》皇子（聖徳太子）がこの戦に勝ったなら四天王を祀る寺を、馬子も寺と塔を建てることを誓い、これが四天王寺と飛鳥寺の起源であると書くが、これはやがて仏教国家が誕生する急激な歴史の高揚に乗じた作り話であろう。

その歴史の高揚のもとがわが国への仏教の公伝なのだが、そもそも百済は六世紀に入って、新羅の任那《みまな》侵略などに対処するため日本への接近をはかり、その手段として六世紀の中ごろに聖明王が仏像と経論を献じたとされる（仏教の公伝。五三八年と五五二年説がある）。敏達六年の律師ほかとふたり

蘇我馬子の墓ともいわれる石舞台古墳

の技術者の献上はこの流れを受けるもので、献じた威徳《いとく》王は聖明王の長子にあたる。このときの律師や技術者たちは日本からの使者の帰国とともに献上されたとあるから、百済の積極性が感じられる。律師・禅師・比丘尼・呪禁師は仏教をひろめるため、ふたりの技術者は寺院建築と造仏の技術を教えるために派遣されたと考えられるので、それを崇仏派の馬子が飛鳥の渡来人たちを育成させ自身の力とする好機ととらえた。渡来人を一手に保護していた馬子ならではの着想といえるが、結果的に馬子の一〇年プラン（？）はみごとに結実することになる。

ただ補足しておくと、蘇我馬子と物部守屋は崇仏・廃仏を争い、馬子が守屋を倒したというのが通説になっているが、そうではなく進歩的な蘇我氏と保守的な物部氏との権力争いだったとする論があり、仏教は帰化人を中心にすでに一般にひろまっていたとする。仏師止利の祖父司馬達等《しばたつと》は仏教が伝わる以前の継体《けいたい》天皇のころ（五～六世紀）に渡来し、息子の多須奈《たすな》が飛鳥の坂田原に草庵を結び仏像を安置したとされ、そのほかにも仏教を信奉する渡来人は多かっただろう。崇仏は時流になりつつあったことが考えられる。

◉寺工はふたりだけだったのか

もう二点、触れておきたいことがある。

ひとつは敏達六年（五七七）に百済から僧らとともに献《たてまつ》られたと『日本書紀』にある造寺工・造仏

工のことだ。そのふたりの技術者が献上された五七七年に、献上してくれた百済第二七代の威徳王は亡き皇子のための王興寺を扶余に創建している。国立扶余文化財研究所の出土品調査から創建は二月十五日とされているが、百済からふたりの技術者ほかが献上されたのを『日本書紀』は「冬十一月」と記している。このふたりは扶余の王興寺建造に携わった技術者ではなかったか（155頁参照）。

そうであればこのふたりの技術者が教官になって、飛鳥の技術系渡来人に一〇年をかけて一塔三金堂の寺院建造を教えたという大橋説はさらに説得力を持ち、謎だった五七七年の律師や技術者の献上の意味もはっきりしてくる。威徳王の意向と日本の（馬子の？）受け入れがピタリと合う。飛鳥寺は法興寺《ほうこうじ》ともいったが、王興寺から採ったものかもしれない。王興寺の塔も五重塔だったようだ。

もうひとつも、崇峻元年の飛鳥寺建造着手に際し百済から派遣・献上された陣容についてだ。派遣・献上されたのはやはり技術者だけではない。『日本書紀』は調《みつき》献上に遣わされた使者三人と仏舎利献上の僧をふくむ僧六人余の名をあげ、続けて寺工二人・鑪盤博士一人・瓦博士四人・畫工一人の技術者八人を「献《たてまつ》る」として名前を記している。この八人がこれからはじまる巨大寺院建設現場の責任者なのだろうが、この人数では少なくないだろうか。瓦博士の四人をのぞくと二人と一人ずつだ。『日本書紀』に名前は書かれていないが、名前の記された工《たくみ》や博士に次ぐ何人かの技術者が同行していたのではないだろうか。同行ではなく、後日、巨大寺院建造のためのさまざまな先進の大工道具——鋸《のこぎり》・手斧《ちょうな》・槍鉋《やりがんな》・曲尺《かねじゃく》・水ばかり・墨壺《すみつぼ》など——を運びながら来日したのかもしれない。金銅仏を造る複雑な作業にはやはり熟練者の手助けが必須で、堂塔内の仏教壁画や装飾絵画の制作も畫工ひとりでは不可能だろう。造仏の技術者と仏画を描く技能者は、堂塔建造の進行に合わせ遅れて来日したことも考えられる。

が、ともかくこの飛鳥寺建造は、約二〇年で完成したところをみると、順調に運んだらしい。そしてこのあと飛鳥に仏教寺院の建造ラッシュが訪れて、仏教の国教化も急速に達成されたようだが、それには右の技術者とともに二回にわたって派遣された仏教関係者の働きが大きかったということになる。その仏教関係者も寺院建造の技術者も、「献上」されたのだからふたたび百済に帰ることなく、日本のために働いてくれたことになる。しかし百済は六六〇年に唐・新羅の連合軍のために滅んでしまうのだが。

◉本尊仏造立の謎と止利仏師

仏寺の要《かなめ》となる中金堂の金銅仏をどう造ったのかということも大きな疑問なのだが、崇峻元年（五八八）に献上の技術者に造仏工はいない。金銅仏を造るにはまず尊像を造形するという芸術的工程と、そこから鋳型《いがた》をとって、一〇〇〇度にも達する炉《ろ》で銅を溶かし鋳型に流し込み銅像を造り、鍍金《めっき》をして仕上げるという複雑な技術的工程が連続し、危険もともなう。敏達六年（五七七）に献上されてから、一〇年間飛鳥の造仏工志願者を指導した百済の造仏工が、教え子を率いて造ったのだろうとまず考えるところだが、大橋一章はこの謎についても鮮やかな仮説を立て、つぎのように推理している。

これは敏達六年来日の百済の造仏工のもとで育成されていた日本人造仏工たち、その中でも鞍作《くらつくり》鳥《のとり》の成長が著しかったためで、飛鳥寺の発願に際し百済からあらたに造仏工を招聘《しょうへい》する必要がなかったからであろう。おそらく、鞍作鳥は飛鳥寺発願の用明二年の時点で、丈六金銅仏の制作が可能なほどに、造形能力も鋳造技術も体得して他の日本人造仏工よりも傑出した工人に成長していたのである。(注6)(鞍作鳥は鞍作止利とおなじ：筆者注)

鞍作止利は飛鳥寺の本尊のほか法隆寺の本尊釈迦三尊像も造っている。鞍作氏はもともとはその名のとおり鞍飾りなどの金属製品を作る技術者だったから、美的創作と金属を扱う感覚は優れていたと思われる。青年(?)止利は百済人の造仏教室に勇んで参加したのだろう。百済の技術者の指導を得て止利が飛鳥寺と法隆寺の本尊等を造ったとすれば、止利は並はずれた芸術的才能の持主だったということになる。百済人の造仏教室に入ったのを一五歳とすると、法隆寺本尊を造り上げたときには六〇歳くらいになっていた。

『日本書紀』によれば推古天皇が止利の飛鳥寺本尊造立を高く評価し、祖父の司馬達等《たつと》・父の多須《たす》奈《な》の仏法の功をたたえたあと、止利に大仁《だいにん》の位と近江国坂田郡の水田二〇町を賜っている。大仁の位は冠位十二階のうちの第三の位となる。

飛鳥寺と法隆寺の本尊造立で仏師止利の権威は高まったに違いない。止利工房への造仏依頼も続いたことだろう。しかしこのあとの止利派の仕事と思われるものは、名高い法隆寺東院夢殿《ゆめどの》の本尊救世《ぐぜ》観音に止利派の作風がうかがえ、ほかに法隆寺に蘇我馬子追善のために造られたという金銅釈迦如来と脇侍《きょうじ》像など止利様式を持つ小像が数点伝わるだけで、その数は少ない。これは記してきたように、このあと飛鳥に数多く建てられた寺の本尊等は造られたものの、飛鳥寺本尊と再建法隆寺以外の寺が失われてしまったため残らなかったとも考えられる。七世紀半ば建立の山田寺講堂本尊というみごとな仏頭《ぶっとう》だけが希少に残されているが（興福寺宝物館蔵）、止利派の作風とは異なる。なお現再建法隆寺の本尊釈迦三尊像は、止利の造った創建法隆寺の本尊が幸運にも残ったものだ。

止利の跡継ぎや止利派のその後のことはわからず、七世紀中ごろから止利派とは異なった作風の仏像が造られるようになる。しかし造仏の技術者は貴重だっただろうから、止利工房の技術者たちの後進は官営工房などを通して仕事に携わっていったのではないか。

造仏のことに触れたので、金銅仏の材料の不思議にも簡単に触れておこう。金銅仏とはいうまでもなく銅製の仏像に鍍金を施したもので、法隆寺の本尊も東大寺大仏も飛鳥・奈良時代の仏像の多くは金銅仏だ。しかし飛鳥寺や法隆寺建造の時代、日本では銅も金も産出していなかった。平安時代になると木彫仏が主となり金銅仏は姿を消す。

日本で銅の産出は文武二年（六九八）に「因幡国《いなば》、銅の鉱《あかがね》（銅の鉱石《あらかね》）を献る《たてまつ》」という記録が『続日本紀《しょくにほんぎ》』にあり、(注7)その一〇年後の和銅元年（七〇八）に武蔵国秩父郡で銅が産出し献じられたので和銅に改元したとされる。金も奈良時代の天平感宝元年（七四九）に陸奥国で産出したのが最初で、この金産出はちょうど東大寺大仏の鍍金工程にかかるころで、金不足に直面していた聖武天皇への僥倖《ぎょうこう》となった。それまでの鉄剣などの金象嵌《ぞうがん》にもちいた金は朝鮮半島からの輸入だった。

弥生時代から造られていた銅鐸・銅鏡・銅剣の原材料も大陸側からの輸入だった。したがって飛鳥寺や法隆寺の金銅仏の金と銅も中国や朝鮮半島からの輸入だったことになる。『日本書紀』推古天皇の十三年（六〇五）に、高句麗の大興王が日本で丈六《じょうろく》の仏像（飛鳥寺の本尊）を造ると聞き、黄金《こがね》三〇〇両を献上したと書かれている。銅は、飛鳥寺や法隆寺の本尊では数トンになっただろうと思われるが、大量の銅は中国から運んだようだ。

◉仏教壁画制作はさらに謎

献上技術者の畫工は、画工《えだくみ》のことなら仏画を描く技術者であろうと『日本書紀』(注5の同書)の頭注は書き、書工のことかとする見方があって書工なら銘文の撰者であろうという。画工ならば飛鳥寺の堂塔に仏画を描いたのだろう。重要度から筆者は画工説をとりたい。

現法隆寺の金堂には仏教壁画が描かれていた。それもインドのアジャンター石窟や中国敦煌《とんこう》の莫高《ばっこう》窟《くつ》壁画などと並ぶ東アジア仏教絵画の至宝と評されるものだ（昭和二十四年の火災で多くを失ったが写真に収められていた）。金堂外陣《げじん》には高さ三メートル余の仏画が一二面、外陣小壁に山中羅漢《らかん》図一八面、内陣小壁には飛天《ひてん》二〇面というスケールで、筆者は外陣仏画の原寸写真を奈良国立博物館の展示で目の当たりにしたが、その巨大さと絵の迫力には圧倒された。これらは当然、ひとりの画工の仕事ではない。

ここでまた疑問が浮かぶ。飛鳥寺そのほか飛鳥につぎつぎと建てられた寺の金堂等にも、法隆寺のような仏教壁画が描かれていたのだろうか。建物が残っていないので不明なのだが、創建法隆寺と蘇《そ》我倉《がのくら》山田石川麻呂（大化の改新政府の右大臣）の建立という山田寺は、発掘調査で壁画片が出土しており壁画が描かれていたと考えられている。また天智天皇勅願の川原寺の遺跡からは塼仏《せんぶつ》や塑像《そぞう》片が多数出土しており、建物内の荘厳さを想像させる。主要な寺の堂内には仏画が描かれるのが一般的だったのだろう。

敏達六年献上の工人に畫工はいないので、仏画教室は開かれていない。となると飛鳥寺と続いて建立された寺々にも描かれたと思われる壁画は誰が描いたのだろうか。しかしこの疑問を推理する材料はまったくない。『日本書紀』には書かれてないが、飛鳥寺の五重塔と金堂ができ上がるころ、百済からさらに画工数人が献上されたのだろうか。そして飛鳥寺の壁画を描いたあと、仏画教室を開き飛鳥の人たちに教えた……。しかし仏画は大工や瓦作りとは異なり、並はずれた才能が必要となる。現法隆寺金堂第六号壁の阿弥陀浄土図などは、最上級の芸術性をたたえている。

崇峻元年に献上された技術者は他に瓦博士と鑪盤博士《ろばんのはかせ》がいる。瓦博士が四人と多いのは、飛鳥寺でわが国はじめての瓦が葺かれたため、その技術指導もあり窯場は多数必要だったからだろう。百済の技術者はいくつもの窯場を掛持ちしたのではないか。飛鳥寺で何枚の瓦が葺かれたかわからないが、おそらく想像を超える数になったのに違いない。規模は異なるがわが国はじめての帝都藤原京の宮殿では、檜皮葺きの内裏を別にして二〇〇万枚の瓦が葺かれたという。

鑪盤博士の鑪盤とは何のことだろう。鑪盤は露盤とも書き、仏塔の頂部にあって相輪《そうりん》の基部をなす部分だが、ここでは相輪全体を指していると『日本書紀』(注5の同書)の頭注にある。鑪盤博士とはその鋳造技術者のことだという。だがそれなら、来日はもっとあとでもよい。

◉古代文明開化の原動力は渡来人

飛鳥寺の建造の不思議さは右の通りで、寺工二人・鑪盤博士一人・瓦博士四人・畫工一人が来て、飛鳥にいた技術系の渡来人を指導し飛鳥寺が建立された――という簡略な記述で済む話ではなく、百済の技術者を頂点に、入念な研修を受けた飛鳥の優れた技術者たちがそれぞれの職能のグループを率い、二〇年工期の仕事にとり組んだのだ。わが国はじまって以来の大事業だった。この大化の改新にいたる古代の文明開化をスタートさせた、もっとも大きな要因は古代の人々の優れた技能なのではないか、と思われる。現代の我々の能力では遠くおよばない、止利のような人がたくさんいたとしか思えない。

この項では渡来人という記載が頻繁に出てくるが、この時代、飛鳥には多くの渡来人が居住していた。中国や朝鮮半島から渡ってきた人たちで、とくに五世紀末に百済が高句麗に圧迫されるとこの地域から多くの知識人・技能者たちが渡来してきた。彼らは先進の知識・技術を持っていたので受け入れられ、朝廷の求めに応じて行政実務ほかさまざまな分野で貢献した。まさに古代文明開化の原動力といえる。建築・土木はその主要なひとつで、寺院建築は彼ら渡来人技術者なしでは不可能だった。すでに触れたが飛鳥寺と法隆寺の本尊を造った鞍作止利は渡来人三世で、のちの東大寺大仏殿建立の責任者をつとめた大工《だいこう》猪名部百世《いなべのももよ》と大仏を造った大仏師国君麻呂《くにのきみまろ》も渡来人の子孫といわれている。蘇我氏が渡来人を積極的に庇護しみずからの力として利用したことはよく知られるが、蘇我氏ももともとは渡来人だったとする説は有力である。

仏教公伝期の仏寺建立の不思議をもうひとつあげておきたい。『日本書紀』によると推古天皇の三十二年（六二四）に全国に四六の寺院が建てられていたとあり、続けて僧八一六人、尼五六九人、合わせて一三八五人がいたと書かれている。この推古三十二年は、飛鳥寺に続いて建てられた法隆寺の建造が終わろうかというころで、飛鳥寺の完成を建造開始から二一年後の推古十七年（六〇九）として、そのわずか一五年後に全国に四六もの寺院が建っていたというのである。この数字について『日本書紀《（注5の同書）》』の補注につぎのようにある。

扶桑略記は持統六年（六九二）に全国に五百四十五寺あったことを記すが、古瓦の出土地などによって白鳳時代の寺院跡は全国で約二百か所が現在知られており、その四分の一の五十寺前後が飛鳥時代の寺院として適当な数字であろう。

『扶桑略記《ふそうりやくき》』（平安末期成立の歴史書。仏教関係の記事が多い）の示す数字は多すぎるが、『日本書紀』の記す数字はほぼ信頼してよいということになる。文化史・美術史の上では飛鳥―白鳳―天平という時代区分になり、白鳳時代は大化の改新（六四五）のあと、天平時代は平城遷都（七一〇）からをいう。つまり遅くとも六四五年には全国に五〇前後の寺があったということで、その二一年前の推古三十二年（六二四）に全国に四六の寺があったという『日本書紀』の記述は、それほど実際とかけ離れた数字ではないということになる。

しかし推古三十二年は、飛鳥寺に次ぐわが国二番目の法隆寺が出来上がるころだ。それら四六の寺は、法隆寺建造中の一五年間に、同時進行のように建てられたことになる。さらに右の引用の、白鳳時代の寺院跡が現在約二〇〇カ所確認されているということは、推古三十二年から遅くとも白鳳が天平に変わる（七一〇）までの八〇余年の間に一五〇余の寺が全国に建てられたというのだ……。

第三章

木の国の住文化の歩み

◉快適な竪穴住居は中世まで続いた

日本人の木造住居の歩みをたどってみよう。

日本人が最初に造った住居は縄文時代の竪穴住居だろう。どこかの遺跡で復元竪穴住居の中へ入ってみたことがあるが、外から眺めるのとずいぶん違って落ち着いた印象だった。地面は三〇センチから一メートルくらいの深さに掘るが、これが意外に落ち着くのかもしれない。地面を掘らない平地住居もあった。

造り方は円形か方形の穴を、五〜六人家族なら直径五〜七メートルくらいで、右のような深さに掘る。支柱を四本垂直に立てて横木を渡し、そこに長い木を数本合掌形に組むように立てて骨組みを作り、さらに掘った穴のまわりから長い木を何本も合掌形に立てかけるように覆い、屋根の形を造る。あとは細い木を隙間なく組み込み、カヤなどで屋根を葺き、粘土で隙間をふさぐ。土間には草や蓆《むしろ》を敷いたり、板や毛皮なども敷いた。

初期のころ外にあった炉《ろ》が中に入り床《ゆか》の中央に置かれるようになると、料理・暖房・除湿・照明などのほか、煙が屋根裏に充満しカヤなどにこびりついて防寒・防風・防虫・防腐などの効果ももたらした。さらに炉の煙が燻製《くんせい》作りにも役立ち、厚く葺いたカヤは防水性も高い。古墳時代には炉に替わって竈《かまど》が普及する。

竪穴住居は日本人の祖先が一万年近く前に工夫した住居なのだが、きわめて好都合で快適なマイホームだったように思える。炉を囲んで、集落で分け合った木の実や山菜、魚介類を縄文土器で煮て家族で食事をたのしむ。幸せな光景である。青森県の三内丸山遺跡に長大な竪穴住居が復元されている（42頁の写真右の建物）。長さ三二メートル、幅最大一五メートルもあり三〇〇人が収容できたと考えられ、集会などの行事や共同作業に使われたのだろうが、これはもう竪穴建築ともいえるみごとな構造だ。

竪穴住居は地方では平安時代まで、研究者によっては鎌倉時代まで使われていたというが、その大きな理由は便利さ・快適さにあったのだろう。あわせてそれ以外に庶民の住居様式が成立しなかったということもある。日本の木造文化の歩みを調べていてわからないことのひとつが、庶民の暮らしであった。調べるといっても史料のようなものはないので、『信貴山縁起絵巻《しぎさんえんぎえまき》』（絵巻の最高傑作と評価。平安時代後期）ほかの絵巻に描かれたものから想像することになるが、中世になっても都市部ではごく簡素な長屋造り（室町時代後期～江戸時代初期の『洛中洛外図屏風《らくちゅうらくがいずびょうぶ》』などに見られる）で、郊外では河原そのほかでの粗末な板囲いの小屋だっただろう。寒い冬の暮らしが思われる。粗末な板囲いの小屋に比べれば竪穴住居のほうがはるかによい。奈良の平城京跡で三二分の一町（二五〇平方メートル）の庶民の住居跡が発掘されているが、この恵まれた庶民がどのような基準でここに宅地を与えられたのかなどはわからない。簡易な小屋のような建物をいくつか建て、空き地は野菜畑にしていたようだ。

高床式倉庫はかつて弥生時代に生まれたとされていたが、三内丸山遺跡や富山県桜町遺跡などで見られるように縄文時代に生まれ、弥生時代に稲作が伝わると収穫した米（籾《もみ》）、つまりたいせつなものの収納庫として発展、わが国の木造建築の基本型のようになる。湿気を防ぐための高床で、弥生中期に斧《おの》などの鉄器が伝わると木材は加工しやすいスギやヒノキを使い、隙間《すきま》のない板壁になった。桜町遺跡の高床建物では、スギの薄い板を編むようにして壁としていたことは第一章で書いた。弥生時代の大規模な集落のようすは佐賀県の吉野ヶ里遺跡に復元されているが、快適な共同生活が営まれていたようすがうかがえる。

◉高床式倉庫が住居の原形

弥生時代に続く古墳時代には権力者の住居が高床式の立派な建物になる。それを示す家型埴輪が多数出土しているのは、立派な住居が権力の象徴であり誇示だったからだろう。

三世紀末～四世紀初めころの製作かという家屋文鏡《かおくもんきょう》と呼ばれる銅鏡《どうきょう》（奈良県佐味田宝塚古墳出土）がある。文様に四棟の建物が、上下左右に向き合うように描かれためずらしいもので、他に同様のものは出土していない。大変興味深い史料なので、眺めてみよう。三世紀末～四世紀初めころは弥生時代が終わり古墳時代に入ったばかりで、建物文化に強い関心を持った銅鏡の工芸者がいたものと嬉しくなる。

四棟とは高床式住居が二棟と、平地式・竪穴式と思われる住居が一棟ずつだ。高床式の一棟は桁行《けたゆき》三間（柱と柱の間が三つの意）、入母屋《いりもや》風の屋根を持ち、手摺り付き階段と露台《ろだい》（バルコニー）を備えている。この時代のもっとも権威ある住居とすれば貴人か豪族の住まいの一棟か、または祭祀に使われた施設かもしれない。貴人の象徴である大きな傘を斜めに差し掛けてあり、露台と合わせて行事や儀式との関連も想像できる（下写真右）。
もうひとつの高床式住居は桁行二間でおそらく梁行《はりゆき》も二間であろう。桁行は棟に平行な方向で梁行は棟と直角の方向をいう。破風《はふ》（合掌形の板）のころび（傾斜）の大きな切妻造《きりづま》りで、出雲大社の原型を思わせると書く美術辞典[注1]もある。あとのふたつは基壇の上に建てられた平地式の住居と竪穴式住居で、平地式住居は貴人か豪族の家族の家かもしれない。竪穴式住居には露台と小さめの傘が差し掛けられている。

これら四棟の住居は、当時、実際にあった建物を描写したのだろう。鏡の径二三・四センチの中央部に四つ描かれているので詳細ではないが、ていねいな線描で風格がある。それぞれに地位のある人の住居のようだ。竪穴式住居にも露台があり傘も差し掛けられているのは、この竪穴式住居には祭祀者が住んでいたのではないだろうか。

なお右の四つの住居ではすべて、入母屋風の屋根の先端に破風板の先端が延びて千木《ちぎ》のようになっている。これがのちに破風から離

▲上部に描かれた家の復元

◀中央部分の拡大

家屋文鏡（復元品）

（いずれも橿原考古学研究所附属博物館提供）

されて棟の上に置く千木（棟の上に突き出て交差した装飾材）となる。平成三十年（二〇一八）に大阪府茨木市の中河原遺跡で弥生時代中期とみられる土器片がみつかり、そこに千木のような棟飾りを持った高床式建物五棟が描かれていたので、千木のはじまりはずいぶん古い。

神社などで千木とともに棟飾りにもちいられる堅魚木《かつおぎ》（葛緒木、鰹木、勝男木などとも書く）は、棟の上に太い丸太状の木を棟と直角に並べるが、こちらの本来の用途は草葺きの屋根が風に飛ばされないようにするためのものだったらしい。この堅魚木は古墳時代に貴人や豪族の住居ではじまったものらしく、『古事記』に興味深い記事がある。仁徳天皇から五代あとの雄略天皇は五世紀後半の古墳時代後期の人だが、あるとき大坂の大県主《おおあがたぬし》の家の屋根に堅魚木がのせてあるのを見つけ、「天皇の宮殿に似せて造るとはけしからん」と焼いてしまおうとした。大県主が献上物を捧げ詫びたので許されるが、権力者の館の格式が生まれてきたことを示しているのかもしれない。のちの神社建築に千木や堅魚木が神聖な飾りとして取りつけられるが、これは古墳時代の権力者の住居の飾りを採り入れたものだといわれている。

堅魚木の立派な家形埴輪
（橿原考古学研究所附属博物館提供）

古墳時代の建築技術の進化は、家形埴輪や家屋文鏡からずいぶん急速だったように想像できるが、これは国内で鉄の工具が作られるようになり、加工しやすいヒノキやスギを使って木工技術が急速に進展したことをうかがわせる。豊富にあったヒノキの建材特性をよく理解していたのだろう。弥生時代の高床式倉庫が古墳時代の権力者の住居様式に採り入れられ、やがて高床式は権威ある建物の象徴のようになる。伊勢神宮の正殿（神明造り）などがその典型で、平安京の内裏《だいり》（京都御所清涼殿など）を経て寝殿造りの様式にも受け継がれている。

◉ヒノキとスギは最優良材

ヒノキとスギが日本の特産樹種であることはすでに書いたが、ここでその特性に触れておこう。ヒノキはヒノキ科の常緑針葉高木で福島県より南、鹿児島県の屋久島にかけて分布する。ヒノキの寿命は長く二五〇〇年くらいといわれる。木目が細かく緻密《ちみつ》で、歪みや狂いが少なく腐りにくい。その上適度の硬さで加工がしやすく、伸縮が少ない。そのため寺院建築にもちいられ、法隆寺のヒノキは樹齢一〇〇〇年以上の木を使って建てられ一三〇〇年を経過している。さらに柱には後のひび割れやゆがみを防ぐため、樹齢二〇〇〇年くらい、直径二・五メートル以上の巨木を四つ割りにして槍鉋《やりがんな》で丸く仕上げて使っているという（第二章注3の同書）。当時はそのようなヒノキが豊富に入手できたのだろう。木肌の美しさも特質で、それは伊勢神

日本特産樹種の代表ヒノキの樹林（奈良県提供）

宮の正殿を見れば了解できよう。ヒノキは同種のものが台湾にもあるが、日本特産種のヒノキはとくに優れた材質を持ち、以後の日本の木造建築文化に大きく貢献することになる。法隆寺以後奈良時代までに建てられた建物で、薬師寺東塔や唐招提寺金堂など当時のまま残っている木造建築は三〇棟ほどあるが、すべて寺院でほとんどがヒノキで造られている。社寺建築でヒノキ以外の木材が主材に使われるのは室町時代以降だという。

スギは用途の多様さから万能の木材といえるかもしれない。寿命は一〇〇〇年くらいだそうだが、建材ということでなければ屋久島には縄文スギといわれる樹齢三〇〇〇年以上のスギもある。スギも日本特産の常緑針葉高木で本州北端の青森県からやはり屋久島まで自生する。高く成長し幹もまっすぐなので柱や梁《はり》・榑《くれ》(板材)などの建材のほか、戸障子・襖《ふすま》・遣戸《やりど》といった建具類や家具・食膳・桶・樽その他の生活用具もおもにスギで作られた。また曲げ物という、柄杓《ひしゃく》や盆・三方《さんぽう》(神仏などに食物を供える台)などの容器もスギやヒノキの薄いへぎ板を湾曲させて作った。檜物《ひもの》ともいい、中世以降には需要が多かったという。

だが、特筆しなければならないのは板であろう。板は建物全般に多く使われるほか、両開きの置き戸棚である厨子《ずし》や衣類・調度品などを納める櫃《ひつ》(上蓋のある大型の箱。唐櫃・長櫃など)をはじめとする箱ものにも欠かせず、東大寺正倉院の正倉で使われているスギ板製唐櫃の気密性が、一二〇〇年の宝物保存に役立っているといわれる。なお正倉の校倉《あぜくら》造りは、柱を立てずに断面が三角形のヒノキ材を井桁《いげた》に組んだ壁が、二・五メートルの高床とともに湿気を防いでいる。校倉造りは他に唐招提寺の宝蔵・経蔵などがあり奈良時代には他の寺でも建てられたというが、平安時代初期以降衰退した。スギ科の常緑針葉樹であるコウヤマキも日本の特産種で、材質が堅いことから建材・器具材のほか船材にも使われる。古代には棺にももちいられた。

ヒノキやスギは割裂性《かつれつ》に優れ、切った丸太に鉈《なた》を当てれば簡単に割れることから板材として重宝されてきたのだが、南北朝以前は割ったあと槍鉋《やりがんな》や手斧《ちょうな》などで表面加工をしていた。そのため量産ができず高価でもあった。ところが室町時代に大きな木材をふたり挽きで縦に切る大鋸《おが》と呼ぶ鋸《のこぎり》と、現在のものに近い仕上げ用の台鉋《だいがんな》が伝わって板の量産と低廉化がすすみ、大きなスギ板による大樽や大桶も作られるようになった（この大鋸からでる挽きクズをオガクズといった。大鋸・槍鉋・手斧は次頁図版参照）。

この大樽の普及により酒・味噌・醤油が大量に醸造されることになり、流通経済の活性化に大いに貢献する。酒どころ兵庫県灘の酒造業は奈良県の吉野スギで造られた大酒樽のおかげで全国に販路をひろげ発展した。安価になった家庭用の桶も普及し、上杉家旧蔵本『洛中洛外図《らくちゅうらくがいず》屏風《びょうぶ》』に、結桶師《ゆいおけし》が路上でたがのゆるんだ桶を修理し、かたわらで女房が立って待つようすが描かれている。なお同屏風絵には数人ずつで

上杉家旧蔵本『洛中洛外図屏風』に描かれた結桶師（米沢市上杉博物館所蔵）

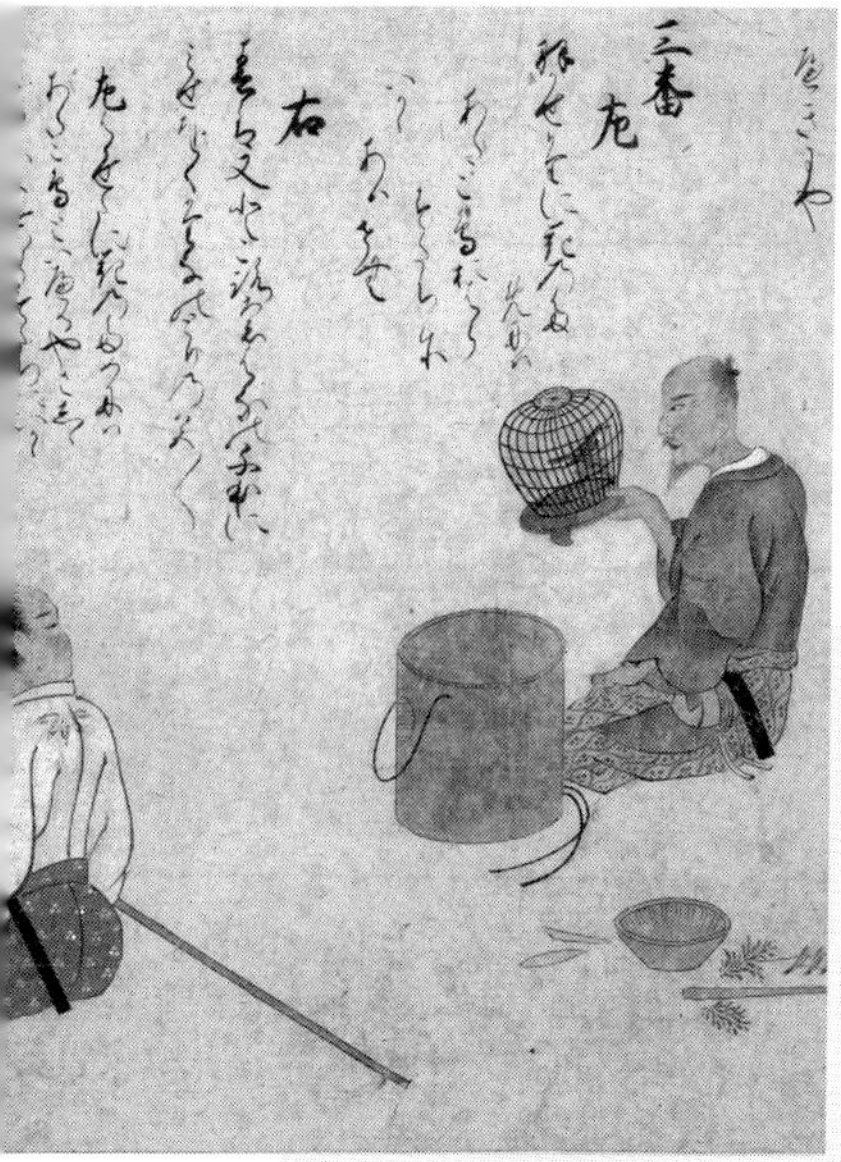

（サントリー美術館所蔵）

◀大鋸引きのようす（左方）

職人衆の作業のようすを描いた貴重な絵巻　大鋸の構造や大きさ・使い方がわかる　歌合わせの歌は「鋸（のこぎり）の木の芽も春の　山風に　春の香ながら大鋸屑（くず）ぞ散る」と書かれている

中世大工の技

▼中世大工の各作業が総覧できる

❶ 槍鉋（やりがんな）で材を仕上げる
❷ 手斧（ちょうな）で粗削り
❸ 鑿（のみ）を打ち角材を割る
❹ 墨糸（すみいと）で直線を引く
❺ 曲尺（かねじゃく）で寸法を測る
❻ 水ばかりで糸を水平に張る
❼ 礎石を据える

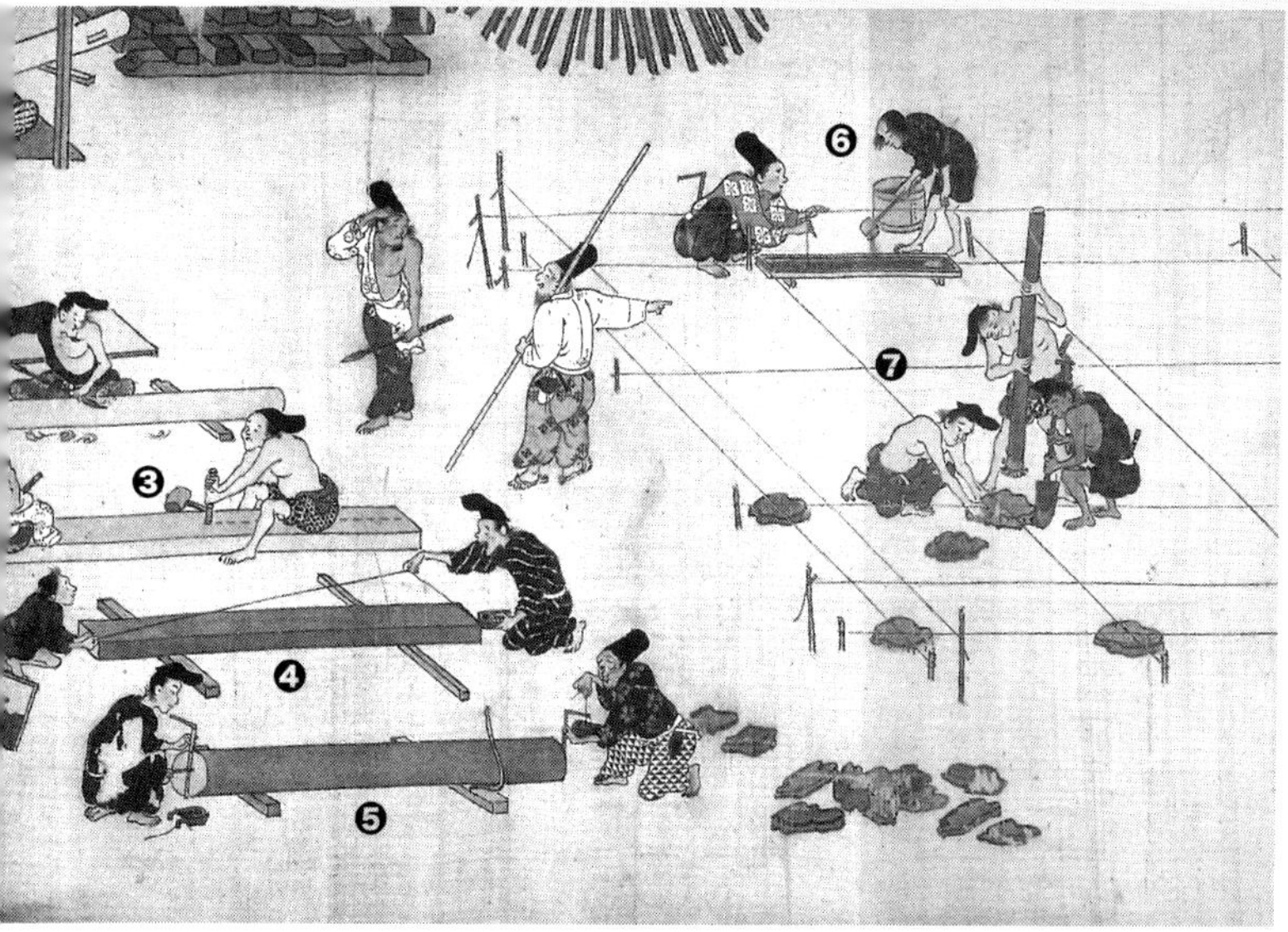

（宮内庁三の丸尚蔵館所蔵）

『三十二番職人歌合絵巻』（室町時代）に描かれた大鋸（おが）引きの図

『春日権現験記絵巻』（かすがごんげんけんきえまき）に描かれた鎌倉時代後期の建築現場のようす

板・竹を束ね肩に担いで商っているようすも描かれている。建材や補修材を商っているのだろう。

もちろんスギも高級建築材として利用される。桂離宮の柱は、高級建築材として知られる京都北山地方産の北山スギが使われている。ヒノキは寺院建築など大規模な需要に、スギは数寄屋《すきや》建築や一般住居の建材、生活まわりの用具・道具類にと、この二種が日本の特産樹種であることも、木の国日本にとっては奇跡のような幸運に思える。

◉法隆寺伝法堂が最古の貴族住宅

古墳時代のつぎは飛鳥時代となるが、飛鳥時代の寺院建築については前章で詳述したので、ここでは建築様式の歩みを江戸時代初期の書院造りまで大きく眺めておきたい。

飛鳥から天平時代の木造建築は寺院以外残っていない。が、唯一もっとも古い貴人の住居遺構として法隆寺東院の伝法堂《でんぽうどう》（天平時代）がある。聖武天皇の夫人、橘古那可智《たちばなのこなかち》の住居のひと棟を移築したもので、橘古那可智は藤原不比等《ふひと》に再嫁した橘三千代（光明皇后の母）の孫だ。現在の伝法堂は桁行七間《けん》・梁行四間だが、移築する前は桁行は五間だった。五間のうち三間分が壁と扉で囲まれた屋内部、あとの二間は吹放しで、さらに簀子《すのこ》敷の張出しがその先にあったと推定されている。夫人の住居ということからか床のあまり高くない高床式だった。壁と扉に囲まれた三間分が居住部で、吹放しの二間分が公的なスペースだったただろう。

奈良市の平城宮大極殿の東方に、称徳天皇や貴族たちが宴会や儀式を行なった平城宮の東院庭園が復元・保存されている。その中央建物の構造が桁行五間・梁行二間で、桁行三間分を板壁で囲み二間分が吹放し、その先に張出しがあり右の法隆寺伝法堂の移築前の平面構成によく似ている。さらにこの例はもうひとつ、奈良時代の右大臣藤原豊成の近江紫香楽宮《しがらきのみや》の別邸といわれる建物の平面構成とも共通している。桁行五間・梁行三間で、室内は間仕切りのない板敷だが周囲に廂《ひさし》をめぐらし、さらに前後に吹放しの広縁を付けていたらしい。

この横長の、三間くらいを居住部にして、続く二間ほどを吹放し、さらにその先に張出しを設けることもある平面構成は、上級貴族の住居の建て方の基本形だったようだ。その想定の上でつぎの平安時代に確立した寝殿《しんでん》造りの平面構成を眺めていたら、肝要なことに気がついた。ということで、まず簡単に平安貴族の寝殿造りについて概要を確認しておきたい。

寝殿造りはいうまでもなく、平安時代に栄えた上級貴族が考え出した住居様式で、最高級のものは『源氏物語絵巻』に描かれている華やかな王朝絵巻が参考になる。寝殿造りの核となる

平城宮東院庭園は奈良時代の貴重な庭園遺跡

のは、邸内をひろく占める庭に南面して据えられた寝殿で、ここが主人の居所となる。母屋《もや》・身舎《もや》などといい、来客を迎えたり儀式などもここで行なう。上級貴族のもので東西五間・南北二間が標準だったというから、右に記した奈良時代の貴族の住居と共通する。同様のものを北方すこし離れて建て、渡殿《わたどの》（屋根付きの渡り廊下）で結びここに夫人が起居する。これを北対《きたのたい》と呼び、貴人の正妻を「北政所《きたのまんどころ》」「北の方」という呼称はここに由来するという。

最上級寝殿造りの完成形としては、中央の寝殿の左右にも渡殿で結んだ寝殿を建てて家族などの住まいとした。これは東対《ひがしのたい》・西対といい、それらを対屋《たいのや》ともいう。上級貴族邸では必要に応じてそのほかにも建物があった。ただこの三つの対屋を持つ形が最上級の定型ということではなく、藤原良房（人臣初の摂政《せっしょう》）が造り兼家・道長・頼通と摂関家《せっかんけ》の本邸となった東三条殿《ひがしさんじょうどの》（後述）には西対はなく、北対・東対とその他の建物が設けられていた。

寝殿造りの南には築山や池を配した広大な庭園を設け儀式や遊宴も行なう。闘鶏遊びも催されたようで、『年中行事絵巻』に庭園で行なわれている闘鶏を、寝殿や厢の間・簀子縁・庭先で主人や客が興じ

寝殿造りの庭での闘鶏を見物する貴族たち
『年中行事絵巻』住吉家本（田中家所蔵）

て見物しているようすが描かれている。また東対・西対から南の池に向かって渡殿を伸ばし、先端に納涼のための釣殿《つりどの》を設けたりもした。ただ中下級貴族の屋敷では母屋のほか北対だけだったり、とくに北対もなくいくつかの小さな建物だけのもの、また庭もないものもあった。

◉平城京の貴族邸が寝殿造りに発展

では寝殿の造りはどうなっているのか。

寝殿の核となる母屋は、桁行（東西）五間・梁行二間が基本で、一間の柱間は一メートルくらい。この東西五間の桁行を二間と三間に区分し、二間のほうを土壁で囲んだ塗籠《ぬりごめ》の部屋とした。ここが主人の私的空間で、たいせつなものを納めた唐櫃《からびつ》や厨子《ずし》などを置き、寝室・納戸《なんど》にもした。吹放しの三間のほうは帳台《ちょうだい》（主人の座所・寝所）や褥《しとね》（座るときの敷物）そのほかを構えて、主人の日常空間となる。この構成では儀式などの際に狭いので、母屋の四周に一間幅の回廊のような廂《ひさし》の間《ま》をめぐらし、部屋空間の延長のように使った。その外を高欄付き簀子《すのこ》縁で取り囲む。廂の間までが屋内となる。儀式の際、上位参列者は廂の間に居並び下位の者は簀子縁、また庭で簡易な椅子に座して並ぶ。つまり寝殿造りは最上級貴族の儀式と饗宴のための建物という構造になっている。

この寝殿造りの核となる母屋の平面構成をよく見ると、法隆寺に寄進される前の橘夫人の住居や平城宮東院庭園の復元建物、さらに藤原豊成の近江紫香楽宮の別邸の平面構成とよく似ていることに気づく。

伝法堂の前身建物（橘夫人の住居のひと棟）には前後二面に縁が付いており、紫香楽宮の豊成邸にも四面に廂や広縁がついていたようなので、この両方の住居に渡殿で対屋を結べば寝殿造りと共通する形になる。

ただもちろん平安遷都（七九四）のあとすぐに寝殿造りの住居が造られたのではない。平安時代は、奈良時代の律令《りつりょう》政治が維持された前期と、藤原氏が天皇幼少のときには摂政として、成人ののちには関白となって藤原家の繁栄を謳歌《おうか》し政治を停滞させた中期、そして上皇・法皇による院政がやはり政治を停滞させた後期に分けられるが、寝殿造りが発展したのは中期になってからだ。

平成二十九年八月に京都市中京区の平安京跡から敷地面積一町規模の貴族邸宅跡が発見され、平安時代前期の三位《さんみ》以上の上級貴族層（公卿《くぎょう》）のものと推定されたが、しかしその様式はまだ寝殿造りではなく、平城京の貴族住居の様式を受け継いだ掘立て柱の建物と見られている。平城京の上級貴族の住居には渡殿はなく、邸内に主人の住居そのほかが個別に建てられていた。

本格的な寝殿造りといえば、藤原兼家・道長・頼通の摂関家の本邸としてさまざまな王朝歴史の舞台になった東三条殿だろう。三条坊門の北、西洞院《にしのとういん》の東に東西一町・南北二町の地を占め、敷地は約三万平方メートル（九〇〇〇坪）あったという。一条・三条天皇の行幸《ぎょうこう》を迎え、近衛・後白河両天皇の里内裏《さとだいり》にもなった。そのほか道長の京極土御門殿《きょうごくつちみかどどの》や後白河院の御所法住寺殿《ほうじゅうじどの》などが専門書にとり上げられるが、これらは住居というより御殿とでもいうべきものだろう。寝殿造りというと王朝の栄華の舞台として華やかな印象を強く持ってしまうが、平安朝の上級貴族の数は三位以上の貴族でわずか二〇人ていどの超エリート層だから、平安京の人口を仮に一〇万人としても、人口比〇・〇二％くらいにすぎなかったという。(注2) したがって規模の大きな寝殿造りはそれほど多くはなかった、というよりも数えるほどしかなかったことになる。

寝殿造りはそのあとの書院造りとともに、わが国の二大住居様式とされ、歴史の上で大きく扱われることが多い。しかし寝殿造りはどのように成立していったのかもよくわからず、限られた最上級貴族が、政務は官人にゆだね儀式や遊宴にふけるために造った様式であること、また一般社会とは隔絶させた世界で成立した様式であることは、認識しておくべきだろう。平安末期に貴族の窮乏とともに衰退するが、このほんの一部の特権階級の住居を、わが国の二大住居様式のひとつとして過大に評価するのは、はたして適切なのだろうかという思いがつきまとう。あとに記すが書院造りとは意義が大きく異なる。

◉浄土世界の現出

藤原氏の繁栄が頂点に達し、政治を顧みなかったためでもないだろうが、このころ一般社会にはいくつかの不安が沸き起こっていた。ひとつは三〇年余りにわたり全国に疫病が流行し多くの死者を出したこと。またこの時期、内裏や京の街で大火があい次いで起こった。そしてもうひとつ、釈迦の入滅後ある年代が過ぎると正しい教法を実行できる者がいなくなり、やがて法滅期《ほうめつき》がくるという末法《まっぽう》思想が貴族社会にまで浸透し、末法の第一年は永承七年（一〇五二）にやってくると恐れられたという。

この時期、空也《くうや》という天台宗の僧が全国を巡り難民救済をしながら浄土教の教えと念仏を説いていたが、社会不安から人々は空也を市聖《いちのひじり》・阿弥陀聖《あみだひじり》と仰ぐようになり、浄土教の帰依者が急増するという現象が起こった。空也が応和三年（九六三）に加茂の河原で行なった大般若経《だいはんにゃ》の供養には、身分を問わず多くの人が集まり左大臣藤原実頼も礼拝し、内裏から銭一〇貫文が寄進されたという。(注3)そしてさらに、やはり天台宗の僧源信《げんしん》（恵心僧都《えしんそうず》）が著した『往生要集《おうじょうようしゅう》』（九八五年の成立）が、多くの経論より地獄・極楽のありさまを示した経文を引き、極楽往生をわかりやすく説いたために流布し、道長も愛読したことから貴族社会にまで浄土信仰が流行した。

道長が出家（一〇一九）ののち造営した法成寺《ほうじょうじ》は平安時代を代表する大刹で、金色の阿弥陀像九体（康尚《こうしょう》・定朝《じょうちょう》父子の作と伝える）を安置する阿弥陀堂の落慶供養には後一条天皇・皇太子ほか公卿ら多数が参列し、僧侶は一五〇〇人が経を読んだ。堂宇はほかに薬師堂・釈迦堂・講堂・五大堂・十斎堂《じっさい》・三昧堂《さんまい》・神殿など数十におよび、おもなものは廊で結ばれ、中央の池には中島を浮かべるなど最上級寝殿造りの構成がとり入れられていたようだ。浄土世界を現出させたかのようなその壮麗さは地上の極楽とまでいわれ、御堂《みどう》と呼ばれて道長の異称「御堂関白」の由来となった（道長は関白にはなっていないのだが）。

道長の子の頼通も父にならい華麗な浄土世界を現出させた。道長から与えられた別荘を現生浄土の寺院に改め、宇治の平等院として創建した。仏師定朝による金色の阿弥陀像（ヒノキの一木造り）を本尊に安置する鳳凰堂は、堂内を極彩色で飾り、扉や壁には九品来迎図《くほんらいごうず》や五一体の雲中供養菩薩《うんちゅうくようぼさつ》が描かれ、まさに極楽浄土をこの世に現出させたかのような趣で、盛時には鳳凰堂のほか法華堂・五大堂・宝蔵・多宝塔・講堂などが豪壮に建ち並び、道長の浄土世界の完成形かとまでいわれる。平成二十六年に大改修を終えた鳳凰堂は最盛期の寝殿造りのようすも伝えている。

なお浄土教はその後法然《ほうねん》（浄土宗）や親鸞《しんらん》（浄土真宗）によって大成される。

◉寝殿造りから生まれた遣戸

寝殿造りの様式変化から生まれた、いくつかの重要な文化があるので触れておきたい。寝殿造りがはじまったころは、寝殿と外との隔ては、廂《ひさし》の間と簀子縁《すのこえん》との境に連続して連なる板戸の蔀《しとみ》（蔀戸とも）だった。格子戸二枚に板を挟んで一枚としたもので、上下二面で構成する。上の戸は長押から吊り開け昼間は九〇度外にはね上げて止め、下の戸は取り外すことができる。上下二面を雨戸のように閉じても、すき間風の冷たい冬や台風のときなどは心細かったことだろう。『源氏物語』「総角《あげまき》」にも、

京都御所小御所の蔀　平安時代には障子はなかった（宮内庁京都事務所提供）

「風のを《お》と荒《あら》らかにうち吹《ふく》に、はかなきさまなる蔀《しとみ》などはひし〳〵と紛《まぎ》るゝをと《お》に……」(注4)
(傍点は筆者)

と、その頼りないさまが描かれている。

上一枚は吊り開けておくことが多いが、下部の蔀は取り付けたままのこともあり、ここからの出入りが不便なため妻側に両開きの板戸が設けられた。これを妻戸《つまど》と呼んだが、のちに両開きの戸を妻戸という語源であるという。妻とは建物の端の意。なお蔀はいまも京都の古社寺や御所などで見られる。

しかしこれだけでは『源氏物語』も書いているように、自然への備えとしては心もとない。そこで平安時代の中ごろ、引違いの板戸である遣戸《やりど》が登場する。いまさら説明の要もないが、遣戸とは敷居と鴨居に溝を彫って戸をはめ込み左右に滑らせて開閉する引き戸のことで、強雨や強風のときには蔀とは比較にならない効果をもたらしたことだろう。遣戸出現の意味について建築史家川本重雄の指摘を引用したい。

(遣戸は)現代の日本住宅でも襖や障子、窓として広く使われている建具で、寝殿造以後の日本住宅の展開に決定的な役割を果たすことになる。遣戸がいつ考案されたかを示す史料はないが、文学作品の用例から類推すると、一〇世紀の後半に成立し、その後急速に普及したと考えられる。

そもそも寝殿造は正月大饗を行うために取り入れられた大臣邸の形式であったから、大臣に昇進する見込みのない中下級貴族たちの住まいは、奈良時代の貴族住宅のように壁や窓もある形にとどまっていただろう。ところが、寝殿造において遣戸が成立すると、この遣戸で列柱空間を仕切って部屋を作る寝殿造の新しい手法が確立され、これが中下級貴族の住宅に一気に普及した。(注5)

十一世紀はじめの成立と思われる『源氏物語』に「遣戸を引きあけてもろともに見出したまふ」(「夕顔」)と、さきの蔀とともに遣戸も登場しているが、紫式部は最新の寝殿造りのようすも巧みに描きこんでいたことになる。

寝殿造りの母屋の居間部や廂の間は吹放しであるため、長押《なげし》から垂らした絹の壁代《かべしろ》(帷帳《いちょう》)や、布製の帳《とばり》を横木に架けた几帳《きちょう》などで仕切って居間のようにした。そのようすが『源氏物語絵巻』などに見られるが、遣戸が生まれると遣戸方式の襖《ふすま》が工夫されてここに部屋空間が出現する。襖には紙・布・厚手の唐紙などが使われたが、やがてそこに絵が描かれるようになって、襖絵という日本独自の芸術分野が生まれることとなる。のちの狩野派・長谷川派などの芸術家がここから生まれる。絵を描かない唐紙の襖のことをのちに「か

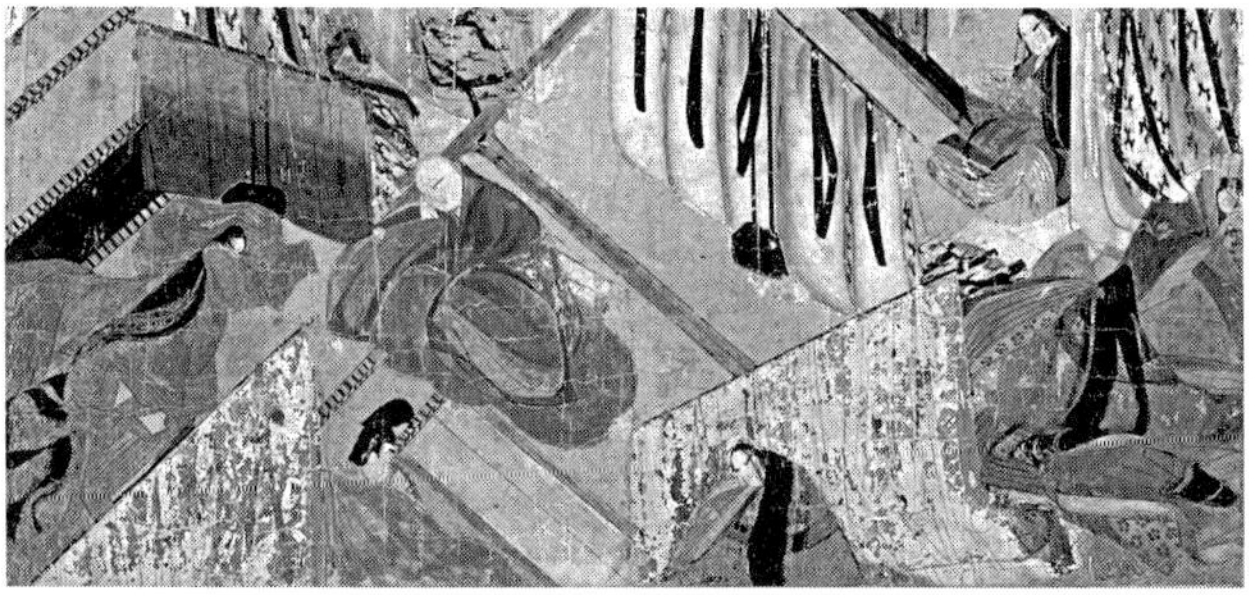

布の帳で仕切られた寝殿造りの屋内のようす
『源氏物語絵巻』柏木一（徳川美術館所蔵）

らかみ」と呼ぶようにもなった。

◉古代・中世人は寒さに強かった

寝殿造りに触れたところで、日本の住居様式史を考えていていつも気になっていた、古代人の暑さ・寒さ感覚について余談のように触れてみたい。

第一章でみたように、日本は約八〇〇〇年前に日本海に流れ込んだ対馬暖流のおかげで、穏やかな四季の変化と温暖湿潤気候に恵まれた。そのためはるかな昔に分離した大陸側の朝鮮半島付近とは、すぐ目の前に位置しながらずいぶん気候が違う。北朝鮮のピョンヤンに寝殿造りを建てて冬を過ごすことは不可能だろう。ピョンヤンは中世に奥州藤原文化が栄えた平泉とほぼおなじ緯度にあるのだが。

しかし、その温暖気候のせいではあるまいが、現代日本人はずいぶん寒さに弱くなったように思われる。住居様式の歩みを眺めてみると、昔の日本人は現代人よりはるかに寒さに強かったことが想像できる。鎌倉時代の吉田兼好の随筆『徒然草』に、不思議な一文がある。

家の作りやうは、夏をむねとすべし。冬はいかなる所にも住まる。暑き比《ころ》わろき住居《すまゐ》は、堪《た》へがたき事なり。

（家の造り方は、夏を主とするのがよい。冬は、どんな所にも住むことができる。暑い時分に、住む

のに不適当な住居は、我慢できないものである。(注6)）

夏と冬の記し間違いと思った読者がいたのではないだろうか（筆者もそうだった）。風通しのよさそうな寝殿造りはもちろん、平城京の貴族の邸宅も飛鳥時代までの権力者の屋敷も、現代人の感覚からは冬は非常に寒かっただろうと思われる。むしろそのころもまだ一部の庶民が暮らしていたと考えられる、竈《かまど》付きの竪穴住居のほうが暖かかったに違いない。昔の人たちは寒さに強かったのだろうか。

そのことを渡来人との混血によるとする考え方がある。古代の黎明《れいめい》期、弥生時代から古墳時代にかけて朝鮮半島から日本に来た渡来人はずいぶん多かったようで、さらに五世紀末ころからは朝鮮半島の政治的理由で百済からの技術者・知識層も多く渡来してきた。彼らの進んだ技術や知識は大和の権力者たちに歓迎され、のちに彼らが古代日本の文明開化の大きな力となる。百済の王朝は韓人ではなく寒さに強いツングース系の扶余《ふよ》族だった可能性が強く、またツングース系の北方騎馬民族が大和の王権を樹立したとする「騎馬民族征服王朝説」も生まれている。

飛鳥時代の渡来人技術者集団である東漢氏《やまとのあやうじ》が居住した奈良県高取町で、朝鮮半島の伝統的床暖房であるオンドルが発掘されている（清水谷遺跡ほか）。オンドルとはいうまでもなく、石で煙道を築いてその上に床を張り、室外の焚口で火を焚き熱を床下に通し部屋を暖めるものだ。しかし発見例はきわめて少なく、朝鮮半島からの渡来人にとってはいくつか造ってみたものの、日本の冬はオンドルを使うほどには寒くなかった、と感じたのではないか。だからひろく普及することがなかったのかもしれない。

渡来人は各地で固まって居住していたが、奈良盆地・京都盆地ではとくに大規模集団になっていたようで、原日本人との混血も高いペースで進んでいったのだろう。そうしてその後の日本人の中に、寒さに強い遺伝子が受け継がれていった、と考えることもできる。『新撰姓氏録《しんせんしょうじろく》』という平安初期（八一五年成立）に編纂された諸氏族の系譜書がある。そのころ平安京と畿内で支配層など一定の家格を持つ千余氏を、天皇家より分かれた「皇別《こうべつ》」、神々の子孫「神別《しんべつ》」、漢・百済・高麗《こま》・新羅・任那からの帰化人の子孫「諸蕃《しょばん》」の三部に分け地域別に配列したもので、それによると編纂時の畿内での諸蕃の比率は約三〇%という高い数字になるという。いまも京都人は寒さに強いといわれる。

人はもともと寒さのほうが強かったのかもしれない。現代人が寒さに弱いのは文明化による過保護のせいなのだろうか。とすれば寒さに弱くなったのは最近のことになる。筆者の子どものころエアコンはもちろんなく、ストーブも裕福な家庭にしかなかったが、そのころ裕福な家はとても少なかった。庶民の家の暖房具は炬燵《こたつ》と行火《あんか》くらいで、学校では石炭による達磨《だるま》ストーブがありがたかった。

こんな突飛なことも考えてみた。近年の東京の年間平均気温は一七度くらいだが、これをわれわれが感じるもっとも適度な気温としよう。この気温に暑いほうに三〇度プラスし寒いほうには三〇度をマイナスすると、四七度とマイナス一三度になる。気温四七度では暮らせないが（二〇二〇年九月六日、ロサンゼルスで観測史上最高となる四九・四度を記録した）、マイナス一三度で暮らしているところは少なくない。もともと人間は寒さのほうが強いということなのだろうか。近年の夏の高温化により熱中症犠牲者が毎年出るが、マイナス一三度くらいで凍え死ぬことはない。わが北海道はもっと低くなる。（右の試算が妥当かどうか自信はないが。）

◉京都御所・桂離宮は夏向きの建物

建物の移り変わりをみても、どの時代も冬の季節は現代人に耐えられそうにない。江戸時代の長屋にしても古代の竪穴住居と、防寒・防暑の上ではどちらがしのぎやすかっただろうか。飛鳥の王宮は代替わりごとに数カ月で造ったそうだから、簡素だっただろう。藤原宮・平城宮はずいぶん立派に広大になったが、部屋は大きくなると寒さは増す。しかし暖をとるのは炭火だけだった。

吉田兼好が書いたように、古代・中世の人は暑さを嫌ったらしい。そのことが御所の建て方からもうかがえる。内裏《だいり》の正殿だった紫宸殿《ししんでん》は天子南面の慣習から南向きに建てられているが、天皇の日常の御殿だった清涼殿《せいりょうでん》は東に面して南北に細長く建てられ、夏季の東からの季節風をひろく受け入れるように工夫されている。清涼殿という名もそのことに由来するのかもしれない。のちに造られた御涼所《おすずみしょ》もとくに風通しに配慮されているそうで、小御所・御学問所・御常御殿《おつねごてん》の居間部分も東面して建てられ、前方にひろい庭を配して涼風を誘い込むよう工夫されている。

江戸初期に建てられた八条宮《はちじょうのみや》家の別荘桂離宮も、数寄屋風書院造りの古書院《こしょいん》・中《ちゅう》書院・新御殿が東北から西南へ雁行《がんこう》形に連続して、東側の広大な池泉《ちせん》に面している。みずから造った八条宮智仁《としひと》親王の月を愛でる風流心と涼風への心配りであろう、古書院の池畔には月見台が設けられている。御所も桂離宮もとくに床が高いが、これも湿気を嫌う暑さへの配慮からだ。筆者はここを参観したとき、初夏のひと月ここで暮らしてみたいと思ったものだが、しかし、冬をわずかな手炙《てあぶ》りだけで過ごすのは不可能に違いない。この別荘を造った八条宮智仁親王が冬も滞在したのかどうかはわからないが、現代人から見ると桂離宮は夏向きの建物のように見える。

とはいえ、いくら当時の人々が寒さに強いといっても、寒さが何ともなかったわけではない。現代人よりは強いということで、冬の夜の炭火のありがたさは清少納言も『枕草子』に、老いばみたる者が、火桶の火や炭櫃《すびつ》（角火鉢のことらしい）などに手のうらうち返しうち返し、押しのべなどをし、さらには火鉢のはたに足をもたげたりするようすを諫《いさ》めている。また夜遅く帰ったときに火鉢に火が残っているのを喜ぶさまなども綴っている。内裏でも炭火を節約していたらしいのは、火災への備えからだろう。平安時代の火災の記録は詳細な年表で確認できるが、たいへん多い。とくに古代・中世の建物は火災に弱い。火が付けば一瞬のうちに燃え尽きただろう。なお当時の気温は、中央気象台・海洋気象台ほかの資料によると、現代と大きくは変わらないようだ。

さきに書いた遣戸の出現は、引用した川本重雄の指摘のように、人々の生活文化に関する意識変革につながったのではないか。耐寒にも大いに役立ったが、引き戸を開け閉めすればすき間風とともにプラ

桂離宮の美

典型的な数寄屋風書院造りの桂離宮　古書院・中書院・新御殿からなり、写真は智仁親王により最初に造られた古書院の風雅な姿

新御殿の一の間上段　奥が日本三名棚のひとつ桂棚（唐木細工）左に書院と櫛形窓　新御殿は天皇行幸用に造られたともいわれる

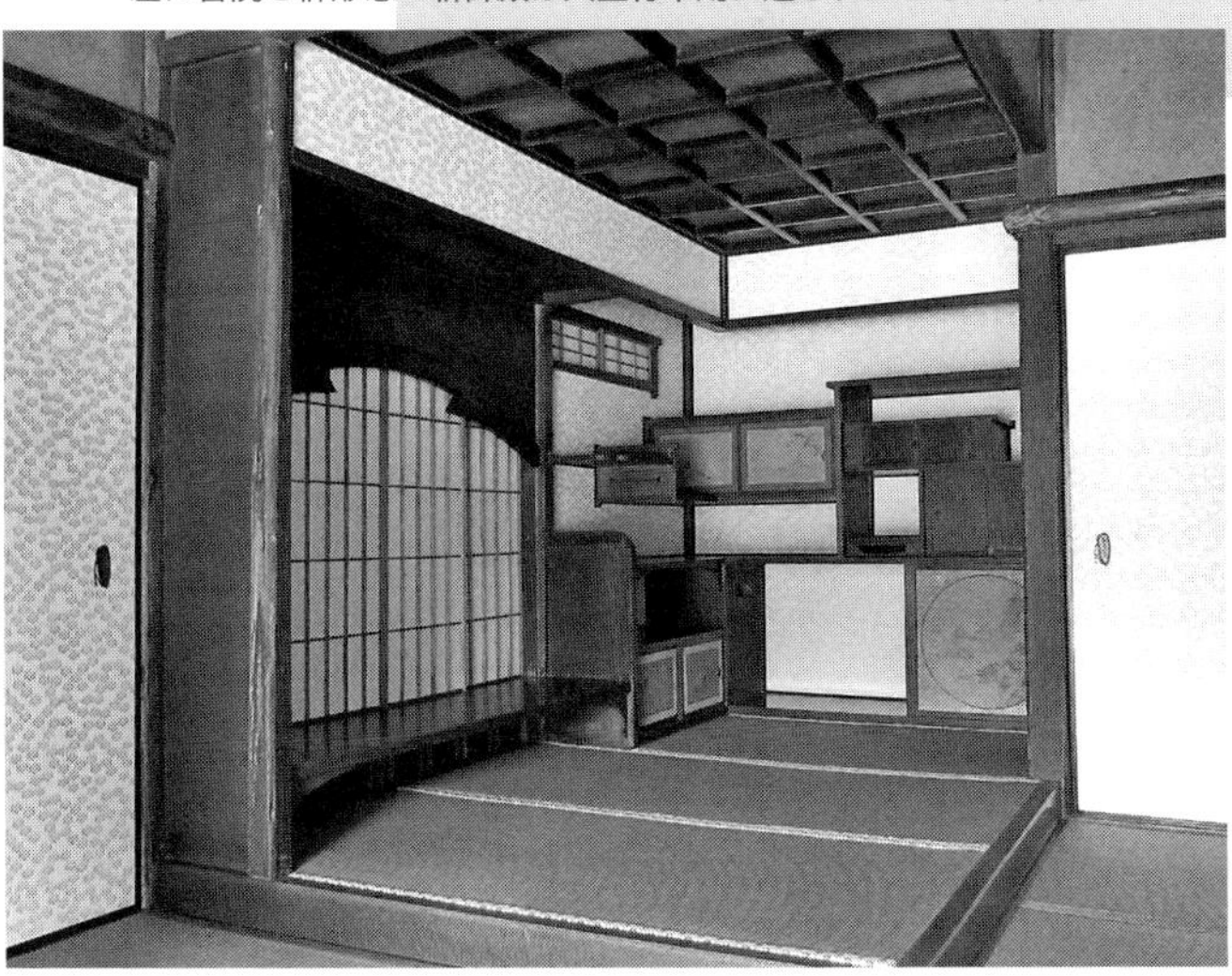

写真提供：ともに宮内庁京都事務所

イバシーも調節できる。これは何かを大きく変えたかもしれない。たとえば女性の意識などを。

遣戸が十世紀の後半（平安時代中ごろ）に成立し、まず上級貴族の寝殿造りに採用され、その後中下級貴族、川本のいう奈良時代の住環境のままの下級貴族の住居でも歓迎された。それは当然といえよう。なぜなら彼ら中下級貴族の屋敷では儀式や饗宴は行なわないから、大勢が座れるような空間は必要がない。部屋は区切られていたほうが、使い勝手がよい。雨や隙間風が防げて防寒に効果があり、プライバシーも確保できる。もし大部屋が必要になったら遣戸は外すこともできる。

◉書院造りの時代

平安時代後期に貴族社会が衰退し、やがて武家の社会が到来するが、武家は大がかりな儀式や饗宴は行なわないから大宴会場のような空間は必要ない。対面の間・居間・納戸《なんど》（寝室）・夫人の居室などが個別に仕切られていたほうがつごうがよい。何よりも寝殿造りのような住居は敵に攻撃されたら防御のしようがない。寝殿造りから書院造りへの過渡期の様式ともいわれる近江三井寺の子院光浄院《こうじょういん》客殿は、慶長六年（一六〇一）に豊臣秀吉に仕えた武将で三井寺の僧でもあった山岡道阿弥《どうあみ》が再建したものだが、建物の外郭には城郭を思わせる豪快な石垣が見られる。

書院とはもともと、鎌倉時代初期に伝わり盛んになった禅宗の寺院において、住持《じゅうじ》などが書見をしたり写経や講義をするために引き戸や襖で仕切った固有の間であった。庭に面して明り障子を設け、そのすぐ下に書見用の台をしつらえてこれを付書院《つけしょいん》といった（初期には出文机《いだしふづくえ》といった）。明り障子は日本で独自に発達した建具で、閉めれば風を遮断し、障子を通した柔らかい光は書見にふさわしく、室温調整の効果もあって、冬は採光を和らげる。

この構成様式を室町時代に中・上級社会が積極的に採り入れ、居間・応接間として座敷飾りにも意を注ぎ床《とこ》・棚などを設け、自慢の唐物《からもの》などを飾った。床とはそれまで飾り物を置いた押板《おしいた》に代わり一段高く設けた飾り台で、板敷または畳敷として「床の間」と呼ぶようになる。棚は可動の書棚を座敷飾りとして固定したもので、やがて「違い棚」として装飾化する。この付書院・床（床の間）・棚（違い棚）が書院造りの重要な構成要素となる、と解説書に書かれており、のちに帳台構え《ちょうだいがまえ》（付書院の反対側に豪華な襖などを建てた座敷飾り）と格天井や四周の広縁そのほかをくわえるようにもなる。

つまり初期には日常的な居間・書斎だったものが、客間として利用されるようになり、やがて武家社会において主室の書院が対面の間となって、しだいに装飾が豪華に権威的になってゆく。この初期の段階の貴重な遺構が銀閣寺東求堂《とうぐどう》で、武家社会でのひとまずの完成形が右の三井寺光浄院客殿や勧学院《かんがくいん》客殿、そのさらなる豪華・権威的な発展形が二条城二の丸御殿ということだろう。

まず銀閣寺（慈照寺《じしょうじ》）東求堂を初期書院造りのはじまりと捉えることにしよう。もともとは内向きの居間兼書斎を書院といっていたものが建物全体を指していうようになるが、この東求堂がその最初期の好例といえる。室町幕府八代将軍足利義政が建てた持仏堂（入母屋造り・檜皮葺き）だが、約七メートル四方に八畳大の仏間（ここのみ板敷）と四畳半の同仁《どうじん》斎《さい》と呼ぶ書院のほか、六畳と長四畳の部屋を四つ割りに区切った小さなお堂で、室町将軍の持仏堂ながら庵《いおり》のようで華やかさはない。格好の隠居所のようにも見える。書院同仁斎には半間《はんげん》幅の違い棚と一間幅の付書院（出文机）が並び、付書院の明り障子の向こうは回り縁を経て庭が開ける。炉が切られており、のちの茶室建築に重要な影響を与えたとして名高い。

これと絢爛《けんらん》たる二条城二の丸御殿や西本願寺の書院をいっしょにして書院造りといわれても、整理がつきにくい。二条城二の丸御殿は徳川家康が征夷大将軍の宣下《せんげ》を受けるにあたり慶長八年（一六〇三）に造営し、寛永三年（一六二六）の後水尾《ごみずのお》天皇の行幸を迎えるために改造したもので、最上級の豪華さで造られた御殿である。主要な対面の間の大広間と黒書院などは障壁画のほか帳台構え・折上格天井《おりあげごうてんじょう》・欄間《らんま》彫刻・飾り金具な

絢爛豪華な二条城二の丸御殿大広間　二の間から上段の一の間
華麗な障壁画は狩野探幽の筆になる（元離宮二条城事務所提供）

ど最上級の装飾が施されている。西本願寺の書院も同様の豪華さで、現存する最大規模の書院造りとされる。

　現存しない最上級の豪華書院造りをあげれば、江戸城本丸御殿・大坂城本丸御殿そのほか大大名家の城においても同様だっただろう。なお昭和の戦災で焼失した名城名古屋城の本丸御殿が平成三十年に復元された。

　これら極彩色の最上級書院にも付書院・違い棚・床の間・帳台構えなどが付いているために書院造りとされるのだろうが、これらは書院造りの基本構成をもとに絢爛たる御殿風対面の間を造りあげたもの、ととらえたほうがわかりやすく思える。巨大な対面の間の一部として付書院・違い棚・床などは付いているが、それらを包む全壁面は豪華な装飾画で飾られている。豊臣秀吉が大坂城に造った移動組立式の黄金の茶室も茶室であるというのと似ていないだろうか。

　これに対し三井寺子院の光浄院客殿は、もうひとつ

三井寺光浄院客殿　初期武家風書院造りの貴重な遺構で客殿は国宝、庭園は名勝　障壁画は狩野山楽筆（三井寺提供）

三井寺に遺る子院勧学院客殿とともに、初期の武家書院造りの造作と風格を伝えている。光浄院客殿は入母屋造り総柿葺《こけらぶ》き・桁行七間・梁行六間で、七部屋。勧学院客殿も入母屋造り総柿葺き・桁行七間・梁行七間で九部屋。ともに四周を廂《ひさし》・広縁がめぐっている。それぞれ狩野山楽《かのうさんらく》・狩野光信《みつのぶ》の襖絵が飾られているが、主室側の広縁はすぐ庭園に面しており襖絵との調和が感じられる。

この二棟の建物を、寝殿造りの妻戸・蔀《しとみ》・中門（寝殿造りの対屋から釣殿に延びる渡殿に設けた門）を各部に遺しているため、寝殿造りから書院造りへの過渡期の様式として主殿《しゅでん》造りと呼んだことがあったが、現在では初期書院造りの貴重な遺構と評価されている。勧学院客殿は慶長五年（一六〇〇）に豊臣秀頼を施主に毛利輝元が再建したものだ。建築史家藤岡通夫は光浄院客殿が、江戸幕府の大棟梁平内《へいのうち》家が伝えた『匠明《しょうめい》』（各種建築の木割り書）にある武家主殿図の基本的配置とほぼおなじで（勧学院客殿もよく似ている）、さらに『洛中洛外図』に描かれた細川管領《かんれい》邸ともよく似ているので、「近世の初期にはこの種の形式を持つ建物が、武家の正殿として一般に用いられていたことは想像にかたくない」と書いている。(注7) 重要な指摘と思われる。

武家社会で発展した書院造りの対面の間は、上下関係を確認させる場ともなり、やがて上座が一段高くしつらえた上段の間となる。迎える客が身分下なら主人が上座に座り、身分上ならば客が上座に座る。そしてのちに書院全体を豪華に造るようになると上座の周囲は格別に絢爛豪華な装飾にあふれることになる。その最上級の例が二条城二の丸御殿ということだ。絢爛豪華に装飾すれば、書院造りの基本構成も意味も覆い隠されてしまう。ここは整理をして認識しておきたい。

◉書院造りと茶の湯と数寄屋趣味

ところで書院造りの普及と変化には、もうひとつ茶の湯の流行が大きく作用した。中・上級社会で書院が普及しはじめる室町時代に、貴族や武家・僧侶のあいだで和歌や連歌《れんが》の寄合《よりあい》の場の趣向から茶の湯（抹茶の饗応）が行なわれるようになり、足利義政の東山文化のころには中・上級社会で、書院風好みの中で一定の作法をともなった書院茶（書院式茶道）が流行しはじめる。またこの時期、唐物《からもの》と呼ばれた中国から渡来の美術品を収集して書院に飾ることがはやり、これらの美術品の鑑賞も書院茶の大きな要素を占めた。この習慣から書院座敷に押板《おしいた》（床の間の原形）・棚・付書院などが飾り台として活用されるようになり、これが武家社会にも浸透してゆく。

床の間にやがて掛軸をかけるようになるが、これが日本画という文化の進展に大きな役割を果たすことになる。それまで絵画の鑑賞は襖絵か絵巻物くらいだったのだが、そこに掛軸が日本画の主要な形態としてくわわることになった。寝殿造りの遣戸から襖絵が生まれたのとよく似ている。もうひとつ、床の間は華道の成立にも寄与することになる。もともと寺院では供養のために花を供えてきたが、東山文化のころ、池坊専慶《いけのぼうせんけい》らによって華道の一形式としての立花《りっか》が成立し、やがて床の間の飾り花の芸術として大成する。武家の書院造りが発展させた襖絵とともに、書院造りに育まれた芸術文化は、つぎの時代に大きく花開いてゆくことになる。

この中・上級社会で成立した書院茶を、大徳寺の禅僧一休（宗純《そうじゅん》）から「仏法も茶の湯のなかにあり」と教わった村田珠光《しゅこう》という人が、茶禅一味をつらぬいて珠光流侘茶《わびちゃ》を創始した。珠光の弟子武野紹鷗《たけのじょうおう》がこれを千利休《せんのりきゅう》に渡し、利休が美などの既成観念や社会の上下関係をも否定した侘茶を完成させる。茶室もただ精神的な充足だけを求める簡素なものとなり、壁は土壁、柱や框《かまち》は丸太のまま、安価な竹を多用するなど簡素を極め、不足の美を創出する。書院茶が唐物など美術品を飾ったのに対し、壁に禅僧の墨《ぼく》跡一幅《せきいっぷく》を掛け、摘んできた花を活けて潤いとした。

利休の侘茶は階層をこえて大流行し、武家や公家など社会の上層にも浸透するが、茶室に見られる簡素な構造美の追求も引き継がれ、ここに装飾を排し簡潔さを求める数寄屋《すきや》趣味が生まれる。京都桂川のほとりに建つ桂離宮が格好の遺構だ。書院造りを構造の基本としながら数寄屋趣味の簡潔さを尊ぶ精神は、その後の日本人の生活文化の基準のようにもなって、今日におよんでいる。桂離宮は最初に造られた古書院から中書院・新御殿と八条宮家三代にわたり四十余年をかけて完成され、江戸時代には貴族や大名・高僧らが、明治時代にも天皇・皇后の行幸・行啓《ぎょうけい》、貴族や政府高官などの見学が続いたという。（最初の桂離宮古書院を創った八条宮智仁親王の数奇な前半生と、桂離宮の成立事情については拙著『木の国の歴史』に詳述した。）

上級武家の身分社会から生まれた絢爛豪華な発展型書院造りがどうなったかというと、これは江戸初期に幕府により禁止されることになる。徳川時代になって戦乱が落ち着くと、豪華書院造りは各大名家にも浸透し、領地の居城もそうだっただろうが江戸の大名家の上屋敷は豪華さを競い合うほど贅《ぜい》をつくしたという。よく例に上げられるのが江戸三宅坂にあった加藤清正の広大な上屋敷で、表門や襖など随所に金箔がほどこされ、総長屋の屋根の丸瓦も金の桔梗紋《ききょうもん》（加藤家の紋）で飾られていたという。さらに三代将軍家光の時代は諸大名の屋敷への将軍御成《おなり》がひんぱんとなり、各大名家では御成にそなえて装飾を競い豪華さに拍車をかけた。

しかし四代将軍家綱治世の明暦三年（一六五七）に起こった江戸期最大の明暦の大火のあと、幕府は大名屋敷の規模・構造・意匠を制限する禁令を出し、贅沢な造りを厳しく規制するようになる。あわせて書院造りは武家以上の支配階級の住居形式と格付けされ、一部の町人・農民を除いて庶民住居への普及は制限された。以後、寛政・享保・天保の三大改革のほかにも奢侈《しゃし》禁止令が頻繁に出され、江戸幕藩体制は質素倹約が徹底されてゆく。幕末に話は飛ぶが、アメリカの初代駐日総領事タウンゼント・ハリスは、下田来航から一年以上待たされてようやく一三代将軍家定に謁見《えっけん》した。そのとき、将軍の衣服や飾りが王者らしい豪華さとはほど遠いことが意外だったとし、さらに燦然《さんぜん》たる宝石も精巧な黄金の装飾も、柄《つか》にダイヤモンドをちりばめた刀もなく、殿中のどこにも鍍金《めっき》の装飾を見ることがなく、すべて素《し》木《き》のままという質素さに驚いたと記している。(注8)

さて書院造りは質素倹約の中・下級武家にあって、基本的な造作のままの武家屋敷として受け継がれる。いまも地方に残る城下町を訪れると、簡素な式台玄関・接客用の書院の間・小さな庭など書院造りの基本様式を備えた武家屋敷が保存され見学できるが、この中・下級武家の簡素な書院造りが近代日本の住居様式として定着することになる。

終章

古代の木塔は一級美術品

◉日本の五重塔は建築美術の傑作

前にも触れたが、古代人の仕事ぶりを眺めていると人間の能力の大きさと豊かさを感じる。文明がすすみ、道具や機器が生まれ進化して仕事の効率化がはかられると、人それぞれが持つ創意・工夫・努力という能力は萎縮してしまうのではないか。その好例を古代の寺院建造に見るのだが、中でも、わが国美術史上の傑作と評価される五重塔の構造美は、いつ訪れても塔下から見上げてしばし時間を忘れる。奈良や京都そのほかの五重塔の建つ古刹をはじめて訪れて、いっときたりとも塔の下で足を止めない日本人はいないだろう。

五重塔にはいくつも不思議がある。その姿が何とも美しく、どのように創り出されたのかということがまず第一なのだが、その前に五重塔はほとんど地震で倒れていないという、古代人の手品のような不思議について考えてみよう。

京都の歴史的大地震で、木塔が倒れたという記録はないそうで、古代奈良でも倒れていないようだ。またこれまで、その理由が明快に説明されていないという不思議もある。建築学者で建築家の上田篤は「現在の建築構造力学というものは、明治に西洋からはいってきた近代科学をもとにしている」ため鉄骨・鉄筋造りなどを中心に考え、木材などの自然材料は均質性がなく、燃える・腐食するなどの性質から半永久的な建築材料とはみなされていなかった、といいその結果、ここ一〇〇年間、木材や木構造については、とりわけ日本の古い伝統的な木の建築の構造については、日本の建築学者もあまり研究してこなかった。だから、建築構造の専門家に五重塔の不倒理由を聞いても、納得のいく答えがなかなかえられないのである。せいぜい、木造の組物の接合部がゆるやかなために、地震のエネルギーをよく吸収して、建物が破壊にいたるまでの変形をおこさしめないのではないか、というぐらいである。それでは、地震がおきたときに、しばしば低い建物の本堂が潰れて、高い建物の塔が倒れないのはなぜか、という疑問にも答えられない。(注1)

と手厳しく指摘している。古代の大工技術者はこの難問を克服していたことになる。

五重塔は五重であって五階建てではない。ほとんどの塔が各層に高欄を設けているがこれは飾りで、内部にフロアはない。現在一一基ある国宝五重塔(注2)の断面図をみると、すべて心柱《しんばしら》と複雑な木組みがあるだけだ。この心柱が複雑な木組みを束ねて塔全体を支えている──という先入観にとらわれがちだが、じつはこれはまちがいで、どの五重塔の心柱も塔の中で各層の主要建材とは結合していない。つまり塔を支える支柱とはなっていないのだ。心柱の主要な役目は五重の屋根の上に立てる相輪《そうりん》を支えるためらしい。

もちろん最古の法隆寺五重塔もそうで、地中の心礎《しんそ》の上に掘立て柱方式で心柱を据えて、二本つないだ先端に相輪を立てている。しかし柱は塔の中で各層の建材とほとんど結合していない。そもそも法隆寺の五重塔の高さは基壇から宝珠《ほうしゅ》の上まで三一・五〇メートルと高いほうではないが、この高さを支えるまっすぐな一本を調達するのは困難だろう。心柱のほかに塔身の四隅に四天柱《してんばしら》という重要な柱とさらにその外側に側柱《かわばしら》があるが、これらは各層で塔身がすこしずつ細くなるのに従いやはりすこしずつ内側に寄せて継ぎ足されており、つまり五重全体を支えている柱はない。鎌倉時代以降になると、初層の上から心柱を立てる方式が多くなり（木津川市海住山寺《かいじゅうせんじ》・福山市明王院・鶴岡市羽黒山など）、塔を下方から支えているという印象からはさらに遠くなる。(注3)

塔全体を支える柱がなければ、地震の多いわが国ではすぐに倒れてしまうと思いがちだが、これが反対に地震にきわめて強い柔軟構造だったといわれている。かんたんにいうと五層を帽子を重ねるように継ぎ足してあるだけで、柱・桁《けた》・梁《はり》などの各部材はほとんど釘を使わず精密な仕口《しぐち》という木組みで組み合わされている。そのため地震のときは上下で揺れを吸収しあい、仕口による組み合わせが相互に揺れを打ち消しているらしいのだ。上田は鉛筆のキャップを五つ重ねたような「キャップ構造」ともいい、また軒《のき》の深い各屋根が（日本の塔は軒が深い。後述）ヤジロベエのようになって、五つがバランスを取りあっているとの説にも言及している。

国宝五重塔の断面図を眺めて気づくのは、多くの塔の木組みの構造がそれぞれに異なっているということだ。細かくいえばその容姿もほとんど異なっている。焼失したものもあるからいくつ建てられたかはわからないが、国宝五重塔の断面図と姿を見るかぎり、それらは建てるときに既存の塔を真似て造ってはいないということになる。参考にはしただろうが、塔の中の構造を調べることはできないだろう。建築美術史上の傑作とされるこれらの複雑な五重塔は、各時代の大工棟梁《とうりょう》の工夫と力量で造られたのだが、その建築家（棟梁）の名前も伝わらない。それぞれの塔が建造された時代、五重塔を造ることのできる大工は少なかっただろう。都から遠く離れた羽黒山の五重塔は、どんな棟梁が建てたのだろうか。

法隆寺の宮大工で、法隆寺金堂の昭和大修理と薬師寺金堂や西塔などの復元を果たした西岡常一（文化功労者）によると、法隆寺五重塔の屋根の四隅の一角から手で押すとゆらゆら動くという。それは一三〇〇年以上という経年のための劣化ではなく、塔とはそもそものように造られているのだというう。(注4)さらに各屋根の四隅の先端の木（隅木《すみき》という）を真下から見上げると、初重から五重までの隅木がピタリと直線上にあり、一三〇〇年まったくズレを生じさせていない証拠だといっている。

◉中国に五重塔はなかった

さて、五重塔の構造美について考えてみたい。この不思議な美しさをたたえる建造物はどのようにして生まれたのだろうか。五重塔の構造の不思議については、司馬遼太郎もながく抱いていたようで、随筆「五重塔」でつぎのように書いている。

「どういうひと達が、どんな思考を経て、最初に日本独自の形式である五重塔をつくったのか」ということは、私にとってふるくからの疑問だったし、いまもそうである。

古い中国にあっては、六世紀初頭に、洛陽に九層の塔（永寧寺）がたてられたというから、木造で高い塔をたてる技術は十分蔵せられていた。それが朝鮮に伝わって行ったと想像するのは、ごく自然なことである。その技術者が日本にきた。かれらは中国にも朝鮮にもない形をつくった。日本の五重塔は、たれが、どういう力学的な必要もしくは好みによってつくったか、ということである。

このことについて、以前から建築史の本を集めては読んでみたが、素人なら誰でも知りたいこの素朴な疑問については、どの著者も沈黙しつづけている。専門家になると、ふつうの好奇心がうしなわれてしまうのだろうか。（注5）

書いてきたようにわが国五重塔の第一号（飛鳥寺）は、崇峻《すしゅん》元年に百済から献上されたふたりの技術者（寺工《てらだくみ》）の指導により造られた。つまりその技術と優美な姿は百済の技術者からもたらされたようなのだが、彼らはその建造技術を中国からの最新技術として身に着けたのだろうか。では中国と朝鮮半島の仏塔はどのようなものだったのか。

いうまでもなく五重塔などの仏塔はインドのストゥーパ（塔婆《とうば》）を起源とする。ストゥーパとは釈迦の遺骨（仏舎利《ぶっしゃり》）を納めるもので、最初は半球状のものが造られ礼拝の対象となったが、やがて上に長い塔のような形状に変化していったらしい。中国にはそのかたちで伝わり、ストゥーパは卒塔婆《そとば》と訳された。最初のころは木でも造られたが、やがて木材不足と耐火性・耐久性などを考慮してか木材と塼《せん》（粘土を型で固めて乾燥させた煉瓦《れんが》）の併用となり、やがて塼塔に変化した。

法隆寺本尊の釈迦三尊像は北魏《ほくぎ》様式といわれるが（北魏は南北朝時代の北朝の一国。三八六～五三四）、北魏の時代は仏教の興隆期で木塔・塼塔が盛んに造られ、河南省洛陽市の永寧寺《えいねいじ》という北魏の古刹には一〇〇メートルを超える九重木塔が建てられたという。いまは遺跡だけで建物は残っていないが、同省登封市に北魏時代の五二〇年に建てられた現存最古の塼塔である嵩岳寺塔《すうがくじとう》が残っている（十二角形・一五層・高さ四〇メートル。巨大なツクシのようだ）。続く隋・唐の時代には中国仏教が最盛期に向かい唐代には各宗派が競うように堂塔を建立し、塼塔・木塔・両方の併用も多く造られた。しかし名高い唐の武宗の「会昌《かいしょう》の廃仏」（八四五）による寺院四六〇〇余を失う仏教弾圧により、この時代の木塔はすべて失われ、唐の都長安（いまの西安市）の大雁塔《だいがんとう》・小雁塔など塼塔のみが今日各地に残されている。

この西安の代表的なふたつの塔はよく図版等で紹介されるが、中国の塼塔はだいたいこのようなツクシかタケノコを大きくしたような姿で、軒の出のほとんどない小屋根のような造作が塔身に幾重にも施されている。ただ唯一山西省応県に残る、遼《りょう》の時代一〇五六年建造という八角木塔があり、通称応県木塔といわれる仏宮寺《ぶっきゅうじ》の釈迦塔で木造建築としては世界一高い。高さ六七・三一メートル・径三〇メートル・外

中国西安市慈恩寺の大雁塔

観五層・内部九層、瓦葺きの大塔だ。上部四層には高欄付きの回り縁があるが、軒の出はわずかなズンドウ型で、八角塔でもあり日本のスマートな五重塔とは似ていない。高さは違うがおなじ八角形の法隆寺東院夢殿は建物の直径一一メートルに対し軒の出は三メートルもあり、西院の金堂・五重塔の軒の出は四メートルある。ツクシのような砲弾状の中国の塔（卒塔婆）は、インドの半球状のストゥーパから変形したために、屋根に対する基本的な考え方が日本とは異なっているようだ。

中国では日本のような五重塔は生まれなかったのかもしれない。前掲注5の『五重塔』で司馬遼太郎がつぎのようにも書いている。司馬が中国からの来訪者と奈良の興福寺五重塔下を歩いていたとき、来訪者が塔を見上げて「これは、何です」とたずねた。司馬が「五重塔」と応えると、来訪者は「これは、中国にない」といったという。司馬が奈良を案内するほどだから来訪者は知識人であろう。「相当な教養がある」と司馬が書いている。その中国人の知識に五重塔はなかったのだ。

もうひとつ、注1で参照の『五重塔はなぜ倒れないか』（上田篤編）に所収の『中国の塔に心柱はなかった』（嚴《げん》慈《じ》愷《かい》）で、中国天津市生まれの科学者である筆者が「五重塔のような形式の塔は中国には一基も見当たらない」「五重塔は中国の文献には発見されない」と書き、さらにつぎのような体験を記している。

上田（篤）教授と大同に行き、雲岡石窟《うんこうせっくつ》（北魏時代、四六〇～五二〇年）を見学したとき、多くの石窟の彫刻の中からそれとそっくりの形の塔柱の彫刻を見出した。これが五重塔のルーツだと快哉を叫びあった。

その写真も掲載されており、やや暗く写った簡略な線刻絵ながら、たしかに日本の五重塔に近い姿が描かれている。ただこの線刻絵が必ずしも実際の姿を写したとは言い切れまい。これらのことから、つぎのように考えられないだろうか。インドのストゥーパが変形しながらしだいに塔のような姿になっていったが、中国では長い時代さまざまな形の卒塔婆も建てられた。多くはツクシ状だったが、中には日本の五重塔にいくらか近いものがあったのかもしれない。しかし軒の出が深く塔身の引き締まった、日本の五重塔は存在しなかった——。

五重塔が中国になかったとすれば、朝鮮半島で造られたのだろうか。

◉朝鮮半島の木塔は

では朝鮮半島ではどうか。朝鮮半島に仏教が伝わったのは、高句麗《こうくり》・百済《くだら》が四世紀後半、新羅《しらぎ》が五世紀前半だという。その後それぞれ高句麗の都平壌、百済の都扶余、新羅の都慶州などに仏教寺院が多く建てられたようだが、いまはほとんど残っていない。当初朝鮮半島の仏塔は塼塔・木塔・石塔がそれぞれ造られたというが、やはり形はいろいろだったのだろう。そしてしだいに石塔が多く建てられるようになった。その理由としては、樹木が少なかったこと、石材が豊富だったこと、戦乱が多く破壊されにくい石材が好まれたことなどがあげられる。中国の塼塔・朝鮮の石塔・日本の木塔という大きな色分けができるが、現在韓国に石塔はたいへん多い。

いま韓国に残されている唯一の五重木塔としては、忠清北道の法住寺《ほうじゅうじ》捌相殿《べっそうでん》がある。一六二四年再建と新しいが、寺の創建は五五三年（新羅真興王一四年）と古く、豊臣秀吉による文禄・慶長の役で焼失したのちに再建されたものという。この五重塔は日本の塔にやや近い姿といえるが、高さは二二・七メートルと法隆寺の塔の三分の二くらいで、初層五間に対し五層一間と逓減《ていげん》率が著しく、スマートというより各層がつまってずんぐりとした印象だ。復元縮小模型だが百済の旧都扶余の陵山里《りょうざんり》古墳群展示館に展示されている陵山里廃寺の五重木塔（発願が五六七年とか）は、形としてはすっきりとして日本の五重塔の姿にずいぶん近い。ただ日本もふくめ、このような発掘された古代遺跡からの復元建物は、必ずしも往時の姿を忠実に再現しているとはいえない。上方の姿は遺跡の発掘からはわからないため、多くは建築史家などの想像によっているという。復元に際し日本の五重塔を参考にしたことも考えられる。

最古級の木塔として七世紀に新羅に建てられた皇龍寺《こうりゅうじ》九重塔（全高八〇メートル近いという）が確認され、慶州国立博物館に復元縮小模型が展示されている。皇龍寺は半島随一の大伽藍だったらしい。もうひとつ、やはり七世紀創建で百済最大規模という益山《えきさん》弥勒寺《みろくじ》の展示館にも九重木塔の縮小模型があるが、これらは九重でもあり塔というよりも中国の楼閣のような印象を受ける。

法住寺捌相殿や陵山里廃寺の復元塔のような、日本の塔に近い五重木塔はどれほど建てられたのだろうか。材料が少なく想像になるが、やはり九重塔もふくめさまざまな形の塔があったのだろう。塔身を細くして各重の屋根の軒を深くする工夫は木造建築だからこそ生まれたのだろうが、朝鮮は木塔そのものが少ない。はたして朝鮮で五重木塔が、日本の五重塔のような容姿にどこまで近づいたのだろうか。日本の五重塔はそのどれもが「完成形」になっている。

飛鳥寺を造るために百済から寺工が献上されたのは崇峻元年（五八八）で、百済の旧都扶余の陵山里廃寺の五重木塔の発願が五六七年、第二章で触れた威徳王の勅願寺王興寺（五重木塔があったらしい）の創建が五七七年だから、この時期百済の王都扶余で五重木塔建造が連続している。飛鳥寺創建のために日本に献上された寺工は、このふたつの五重木塔建造に関わっていたのだろう。威徳王は日本に仏教を伝えることに熱心だったようだから、百済第一級の熟練技術者を献上してくれたのだろうか。その寺工が日本に来て、樹齢一〇〇〇年以上の豊富なヒノキと出会った――。

この百済からの飛鳥寺建造のための技術者献上が五八八年で、百済がその七二年後の六六〇年に唐・新羅の連合軍に滅ぼされたことを思えば、崇峻元年の百済人技術者による飛鳥寺建造着手は、わが国古代の文明開化にとって何と奇跡的な出来事だったことだろうか。威徳王による技術者献上という機縁がなかったなら、わが国の仏教興隆と木造建築文化の進展は違ったかたちになっていた。威徳王に感謝しなければなるまい。

では朝鮮半島の寺工が中国のツクシを大きくしたような姿ではなく、塔身を細くして各層の屋根を大きくするという変化を、どうして生み出したのだろうか。日本の五重塔の塔身が細く屋根を大きく張り出しているのは、塔身に雨があたらないように工夫したものだろうと考えられているが、このことが朝鮮半島にもあてはまるのかもしれない。ソウルの年間降水量は一三七一ミリメートルで唐の都（長安）だった西安市の五七五ミリメートルよりもはるかに多い（奈良市の年間降水量は一三一六ミリメートルでソウルとほとんど変わらない）。朝鮮半島には台風も襲来する。中国から伝わった仏塔を木造で建てる場合、やはり雨に対する工夫が必要となったのではないか。百済の寺工はその経験を飛鳥寺に応用したのだ。献上された百済の寺工が王興寺建造に携わった寺工だったなら、飛鳥寺五重塔は王興寺五重塔に近い姿だったのかもしれない（陵山里廃寺の五重塔にも）。

飛鳥寺五重塔は現法隆寺の五重塔とほとんどおなじ姿だっただろうから（基壇の寸法がほぼおなじ）、百済の寺工は飛鳥寺五重塔の出来ばえに満足したことだろう。そして以後この姿が日本の五重塔の原形となった。中国や韓国の木塔より日本の木塔のほうが精緻で美しい。なぜ百済の寺工は日本で精緻な塔を造ることができたのか。それはヒノキの特性によるのではないかと筆者は考えている。

大橋一章説（第二章参照）に従えば、五七七年に威徳王により派遣されたふたりの寺工は、一〇年以上にわたり飛鳥の工人に寺の建造技術を教えたが、その間彼らはふんだんにあるヒノキを伐り、加工・細工し、その建材としての素晴らしさにとりつかれたことだろう。そして彼らとその技術者集団は釘はほとんど使わず、精密な木組みと重力のバランスだけで一三〇〇年以上地震にも損なわれない五重木塔を造った（現法隆寺五重塔は飛鳥寺・創建法隆寺の塔とおなじ工法で造られたと思われる）──。

あわせて特筆しておきたいことは、百済の技術者の指導を受けはじめて本格的仏教寺院を建造した、飛鳥の工人たちの能力の高さである。当時といまとでは工具などの種類・精度はくらべものにならない。一〇年余り、百済のふたりの寺工から指導を受けた飛鳥の選ばれた工人たちは、さらにそれぞれグループ分けされた多くの技術者・作業人を率いて仕事にあたったのだろう。計算機もコピーもノートもない状況で、設計図や部材の仕様そのほかを、彼らはすべて理解し頭の中に整理していたのである。

現代人がおなじ条件で寺院建造に取り組んでも、寺は永遠に姿を現わさないのではないか。個人の能力に大きな違いがあったとしか考えられない。その精緻な能力を飛鳥の工人たちは受け継ぎ、奈良大工と評価され、後世に伝えたということになる。しかしその古代人の能力は、いつか失われてしまった。

◉日本の木塔の美しさ

念のために記しておくが、日本でも九重塔・七重塔は造られていた。飛鳥時代に建てられたわが国最初の勅願寺百済大寺《くだらのおおでら》（のちの大官大寺）には、高さ約一〇〇メートルの九重塔が建てられたというが、造営途中で焼失したらしい。もうひとつ、承暦元年（一〇七七）建立の白河天皇勅願の法勝寺《ほっしょうじ》にも八角九重塔が建てられたが（約八一メートルという記録がある。京都市平安創生館に縮小模型を展示）、これも焼失し、記録の上では九重塔はこのふたつだけのようだ。

七重塔は東大寺に東西二基の七重塔があったが（約九六メートル）落雷や戦火で焼失。さらに全国に建立の国分寺にも聖武天皇が「天下《あめのした》の諸国《くにぐに》をして各《おのおの》七重塔一区を敬《ゐやま》ひ造《つく》らしめ、并《あは》せて金光明最勝《こむくわうみやうさいしよう》王経《わうきやう》・妙法蓮華経《めうほふれんぐゑきやう》一部を写《うつ》さしむべし」（『続日本紀』天平十三年三月）と詔《みことのり》したというが[注6]、いまは一基も残っていない。ほかに室町時代に足利義満が創建した相国寺《しょうこくじ》に八角七重塔（約一〇九メートルとも）が建てられたが落雷で焼失し、けっきょく九重塔・七重塔とも歴史的建造物としては現存していない。五重塔はよくぞ残ったものだ。

現存する古い五重塔の中でも、筆者は最古の法隆寺の塔がもっとも美しく感じられるのだが、それは初重から五重への屋根の大きさの逓減《ていげん》率が影響しているように思われる。五重の屋根の一辺の長さは初重の屋根のほぼ半分で、塔身もおなじように逓減している。この比率が総高三二・五〇メートルという塔の高さの中で絶妙なバランスを創り上げ、五重の屋根の上に建てられた相輪がすーっと天へ抜けてゆく、まさに快感といっていい眺めとなる。

この絶妙な構造美に対し、奈良興福寺の五重塔（室町時代）や京都の醍醐寺（平安時代）、教王護国寺（東寺のこと。江戸時代）などの塔はごくわずかなばかりの逓減で、法隆寺五重塔と薬師寺三重塔の優美さを女性的とするなら、背が高くがっしりとした男性という印象となる。近世以前に造られた文化財級の五重塔は全国に二〇基以上あるが、法隆寺のような逓減率の塔はほとんどない。ひいき目かもしれないが法隆寺の五重塔はどの角度から眺めても絶妙な均衡を感じる。屋根の傾斜角度も影響しているだろう。五重塔は子細に見るとそれぞれに趣が異なって興味深いのだが、このように複雑で難しい（と思われる）構造物を造るのに、昔の棟梁《とうりょう》たちは個性の表現も考慮したのだろうか。

興福寺五重塔の重々しい感じについて、司馬遼太郎もおなじように思っていたようで、前掲の「五重塔」でつぎのように書いている。

たしかにそうで、法隆寺の五重塔も、薬師寺の東塔、さらにはいまできたばかりの西塔もそのように（上へゆくほど屋根を小さく…筆者注）工夫されている。興福寺の五重塔の場合、各層ほぼおなじであるばかりか、再上層の五重目《め》の屋根も、勾配《こうばい》がずっしりと深すぎるのである。室町期の宮大工が、奈良朝やそれ以前の宮大工にそういう点では劣るといってもさしつかえはない。

が、私は、この塔の重すぎる感じも、すてがたいと思っている。猿沢池をへだて、水を近景として、むこうの台地を見たとき、ずっしりとまわりをおさえこんでいるのは、この塔である。薬

猿沢池畔から見上げる興福寺五重塔

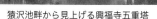

師寺東塔の瀟洒《しょうしゃ》な、天女が奏《かな》でるような形がそこにあっても、大観の抑えがききにくいかと思うのである。

「この塔でいいんだ」

私は、塔の精霊のために、ふりかえってそういった。

興福寺五重塔の重々しさについては、始終興福寺境内を歩いている筆者も司馬と同感である。塔の上方の屋根が重くなれば地震の際の安定度は損なわれてくる。いくら帽子を重ねたような柔軟構造といっても、上方全体が重ければ倒壊の危険性も増す、とふつうは思うだろう。しかし、往時も大きな地震はあったはずで、そのときにいくつかあった塔はどれも倒れなかった。だから、雨除けのためと重厚さのためにあえて上層の屋根を小さくはしなかった、のだろうか。京都の醍醐寺や教王護国寺（東寺）の伽藍《がらん》も、そして奈良の興福寺五重塔と並ぶ東金堂（室町時代）も優美というより豪壮重厚な造りで、それぞれの五重塔の重々しさと釣り合っている。

興福寺五重塔の重々しさが、室町期の宮大工が奈良朝以前の宮大工より技術が劣っていたためであるという司馬の指摘については、西岡常一も法隆寺大講堂（藤原時代）の軒の出が浅く風雨にさらされやすくなっているのを例に、飛鳥と藤原時代の技術の違いによるもので、建築は古代ほど優秀だといっている。（注4の同書）専門家から見ると軒の出は重要であるらしい。

◉法隆寺の裳階の怪

法隆寺には独特の、なんともいい難い雰囲気が漂っている。聖徳太子が好んだともいうマツ並木の続く長い参道をゆくと、やがて中門の左上に半分ほど五重塔が見えてくる。このときに法隆寺を訪れた感興が少なからず湧いてくるのだが、同時にこの五重塔が中門の建物と中途半端に重なって、なんとなく不安定、いや、はるばる訪れた期待にわずかな不安感も抱かせる、ように筆者は感じていた。これから訪《おとな》う、西院の独特な雰囲気を暗示するかのような、不思議な緊張が走るのだ。

法隆寺西院回廊の内側は金堂と五重塔が東西に並んで建っている。南側の中門の両袖から東西に延びた回廊が金堂と五重塔を包むように北に折れ（鐘楼と経蔵を経てその北側で）講堂と結んでいる。この回廊に閉じられた空間に、法隆寺固有の雰囲気が漂っているので

法隆寺西院回廊に囲まれて並ぶ金堂と五重塔　1300年の風格をたたえ、絶妙な構造美を見せている　初層・初重の裳階が独特（飛鳥園提供）

ある。なお、もともとは金堂と五重塔のすぐ北で回廊は結ばれ、鐘楼・経蔵・講堂は回廊の外にあったそうだから、固有の雰囲気はもっと強かっただろう。五重塔は他の寺のものにくらべて小さく、金堂も薬師寺や唐招提寺のそれよりはるかに小さい（唐招提寺金堂の半分くらいか）。しかしその回廊に閉じられたふたつの建物が創り出す緊張感には、なぜか固有のものが感じられるのだ。回廊の内側は聖域であり、中門は仏のための門であることを思えば、これが本来の姿なのかもしれないのだが。

法隆寺の五重塔は小さいながら均衡がよく、その美しさはわが国随一だと思っているが、金堂は印象が異なる。薬師寺や唐招提寺などの金堂にくらべて法隆寺金堂は閉鎖的な印象を受けるのだ。なぜだろうか。それは初層の四周に取り付けられた裳階《もこし》と壁面のせいと思われる。四面の各中央に小さな戸口があり、拝観者はそのひとつから堂内に入るが、まずこの戸口に他寺にはない固有の緊張感が漂う。その小さな入口に向かうとき、阻止されるような圧迫感を筆者は覚えるのだ。裳階とその下に巡らされた連《れん》子《じ》窓の壁が重く覆い被さって、完成された建造物が持つ構造美まで覆っているからであろう。深い軒の出とエンタシス柱によるこころよい回廊空間が閉ざされてしまっているのだ。

裳階とは風雨から建物を保護するため軒下に付けられた廂《ひさし》状の屋根のことで、雨打《ゆた》ともいう。法隆寺の場合は堂内に描かれた壁画が雨に沁むのを防ぐため堂塔の完成後に設けられたようで（数十年後か）、そのためか主屋の軒下に近接しすぎてやや重苦しい感が否めない。さらに裳階の屋根は主屋と異なり簡易な板葺きである。この雨除け説のほかに建物の四隅の軒の支え説もあり、効用としては両方だったたかもしれない。なお五重塔にも壁画が描かれていたので、塔の裳階の事情も金堂とおなじことだろう（五重塔の壁画は現在他所で保管されている）(注7)。最初から設けられた裳階としてはつぎに記す薬師寺東塔だが、新しいものでは薬師寺金堂（一九七六）、興福寺中金堂（二〇一八）がある。

法隆寺金堂の初層は桁行五間・梁行四間で、上層は桁行四間・梁行三間と縮小しながら高い高欄《こうらん》で均衡をとっている。初層の軒の深い屋根の下には太い膨らみのエンタシス柱が並び、堂正面の柱間《はしらま》には三つの両開き扉が設けられているのだが、裳階の屋根と壁面のためにこの正面構造は外から見ることができない。裳階がなくこの三つの扉が開け放たれれば、他寺院のように初層の回廊空間から内陣の本尊釈迦三尊像（止利仏師作）を拝することができる。これが裳階の取り付けられる前の、つまり飛鳥の棟梁が造った最初の金堂の姿なのだが、裳階の屋根と連子窓の壁で覆われてしまったために、当初の寄棟造りの初層と入母屋造りの上層の均衡ある姿が一部視界から隠されることになった。

裳階のない金堂から本尊を拝んでみたいという望みは、残念ながらかなえられることはない。法隆寺を訪れると金堂・五重塔のある西院拝観のあと東院伽藍に移るが、明るい旋律のような八角円堂の夢殿（本尊は秘仏救世《ぐぜ》観音像）に接してようやく西院の緊張感から解き放たれる。西院から東大門を経て東院へ向かう道もひろびろとして心地よい。夢殿の後方すぐに、第二章で触れた天平貴族の住居だった伝法《でんぽう》堂《どう》がある。

もっとも薬師寺と唐招提寺そのほかの寺も、創建時は主要部が回廊に囲まれており、いまのように開放的でいつも参詣者が溢れていたわけではなかった。かつては右の寺に限らず、回廊に囲まれた中門の中に入ることのできる者は限られ、本尊と相対することのできるのはほんの一部の特権者だけだったろう。薬師寺金堂正面には中央と左右三つの石段があるが、中央が天皇用、左右を高僧が使ったという。(注8)

◉薬師寺三重塔、裳階の妙

奈良市西《にし》の京《きょう》の薬師寺は、一見六重にも見える東西ふたつの三重塔で知られるが、その華麗なる建造美は多くの文化人に称えられてきた。二〇二〇年春、約一二年をかけた解体修理を終えて現れた東塔の姿は、すべての部材を解体して汚れを落とし、ていねいに拭きこまれたからだろう、一三〇〇年を経た古材ながらしっとりと輝いているように見え、風格が漂っていた。

中国では唐の時代に木造建築がもっとも盛んになったようだが、その大陸の進んだ技術が朝鮮半島経由ではなしに直接白鳳の日本に伝わって薬師寺は造られた——と、西岡常一はいう。(注4の同書)薬師寺の建築技術は法隆寺のそれよりも構造的に進んでいるが、それは朝鮮半島経由で入ったものではなく、指導者が大陸（唐）から直接来たか、または大陸で勉強して帰った技術者がもたらしたために最新の技術によって建てられたのだろうといい、それに対し法隆寺は朝鮮を経由した百済系の指導者によって建てられたために、朝鮮を通った時間だけ、法隆寺のほうが遅れているといっている。

法隆寺はやや遅れた技術だったというのだが、それでも法隆寺を建てた工人の技量と仕事がすばらしかったために、飛鳥時代に建てられた多くの寺で法隆寺だけがいまに残ったと、西岡はいくつか残してくれた著書で力説している。

薬師寺の塔は三重塔なのだが、屋根が六重に見える特異な姿をしており、このような塔は中国にも朝鮮半島にもない。そもそも屋根の軒の出が深く塔身が引き締まった木造多重塔は、みてきたように日本で完成されたと思われるが、薬師寺三重塔はその結晶といえよう。薬師寺の塔が一見六重に見えるのは、三重の各屋根の下に裳階（裳層とも書く）が設けられているからである。法隆寺金堂・五重塔の裳階が

「凍れる音楽」など多くの文化人がその美しさを称えた薬師寺東塔　向かい合って昭和再建の西塔が建っている

あとから簡易的に設けられ、本体の主要部を隠してしまったのに対し、薬師寺三重塔の裳階は構想の最初から本体に組み込んで設計された。

三重塔としては屋根の大きさが上方へゆくほど大きく逓減し、それぞれの屋根にすこしずつ小さい裳階の屋根が、簡易ではない本体の屋根と同等の構造・意匠で構成されている。そのため六重に見える屋根はすべて大きさが異なることになり、さらに各塔身・裳身の大きさもすべて異なるという複雑さでありながら、全体の印象としては爽やかに軽快なのである。専門の研究家ならばもっと細かにこの美しさの秘密を分析できるのだろうが、あまり理詰めに考えるとせっかくの爽快感が損なわれそうでもある。もちろんこの裳階はただ雨除けのために設けられたのではない。法隆寺の裳階のような簡易なものではなく本体の主要部として造られているのだが、その見事さは創案した寺工棟梁に脱帽するしかない。三重塔ながら法隆寺五重塔よりもわずかに高いが、六重塔と見れば存外小ぶりである。最初の藤原京本《もと》薬師寺（後述）での完成を見た持統天皇は大満足だったのではないか。

これまで多くの文化人が薬師寺東塔について書いているが、東塔と向かい合う西塔や金堂などを昭和後期に再建した西岡棟梁の言葉が、薬師寺東塔の不思議な姿の真髄を語っているように思われる。

いまの建築の先生方が考えても、こんな構造の塔はようつくらんやろと思いまっせ。こんなかけはなれた、おもしろい構造の塔はちょっとでけんやと思います。東塔が残ってあるんでそれを手本に西塔も設計できましたけどね。これ、白紙からつくれといわれてもとてもとてもできませんで。東塔が残ってなかったら、とても現在こんな構造の塔はでききんと思いますわ。できても設計に五十年はかかりますやろ。（略）

千三百年前にこれを白紙からつくりだした人は、どんなにすばらしい頭の人やろうという驚きのほうが強いでんな。（略）この人はもう神さんやなと思いますわ。(注9)

なお再建なった薬師寺西塔は、東塔とそっくりに建てられたと思われているが、いちばん上の三重目の屋根の軒が東塔よりも長く（大きく）なっている。かつての修理のときに東塔の屋根の材が痛んでいたかなどで、切って短くしてしまったらしい。両塔を見比べると東塔のいちばん上の屋根の小さいことがわかるが、創建時の姿を再現した西塔の均衡は完璧である。

なお薬師寺も明治時代から建築史の一大論争が展開されてきた。薬師寺は天武八年（六八〇）に天武天皇が皇后（後の持統天皇）の病気平癒を願い藤原京内の建造を発願し（現橿原市の本薬師寺跡の地）、七〇〇年ころに建てられたと考えられている。平城遷

勝間田の池の名で『万葉集』に詠まれた大池から薬師寺と若草山を望む

都にともない現在地に移されたが、その平城京薬師寺に建ついまの東塔が、遷都時に移築されたのか新たに建てられたのかが明治以来論争されてきたのだが、平成二十一年（二〇〇九）から行なわれた解体修理による年輪年代測定調査で、ようやく新築説が確定した。

両薬師寺の建物の配置もおなじだったことがこれまでの調査でわかっており、藤原京本薬師寺跡での奈良・平安時代の軒瓦の出土から、金堂・東西両塔・中門は修理されつつ平安時代初期まで存続していたこともわかった。新旧の都におなじ美しい寺が建っていたのである。現在地に平城京薬師寺が建てられたのは、藤原京の元薬師寺完成の約三〇年後だったため、元薬師寺とおなじこの複雑な塔を再現することも可能だったのだろう。

◉法隆寺五重塔・金堂の新たな謎

法隆寺五重塔の新たな謎について触れておこう。法隆寺には古代文化史上名高い一大論争があった。「法隆寺再建・非再建論争」といわれるもので、再建論は『日本書紀』天智九年（六七〇）の「夜半之後《あかつき》に、法隆寺に災《ひつ》けり。一屋《ひとつのいへ》も余《あま》ること無し。大雨《ひさめ》ふり雷震《いかづちな》る」(注10)という記事をもとに、現在の法隆寺は創建法隆寺（若草伽藍）の焼失後に再建されたものとする。これに対し非再建論は、金堂の建築様式の古さなどからいまの伽藍が七世紀初頭の創建時のままだとし、この大論争は明治以来という長きにわたって延々と続けられてきた。そしてようやく昭和十四年（一九三九）に若草伽藍跡の発掘調査が行なわれることとなり、その結果は再建論に有利な資料が多く得られて、論争終結とまではいかなかったものの以後は再建論が主流となっている。

ところが平成十三年（二〇〇一）に新たな法隆寺の謎が発見されることとなった。年輪年代法という新しい測定法により、五重塔の心柱のもっとも外側の年輪からこの心柱が、五九四年（推古天皇二年）の伐採であることが判明したのである。現法隆寺の西院伽藍は和銅四年（七一一）には完成していたと考えられるので、その再建法隆寺の心柱が一〇〇年以上も前に伐採されていたことになるのだ。とすればそのヒノキは再建法隆寺のために伐採されたのではない。ではそのヒノキはどこから持ってきたのだろうか。

専門家の推測はふたつに分かれた。ひとつは他の寺院に使われたものの再利用説で、それまでに建てられたが廃寺になった寺のものを転用したなどとする。もうひとつは一〇〇年間保存されていたものを使ったとする説で、飛鳥寺建立時に余分に伐採されたヒノキが保存されていたのだろうとする。筆者は保存説を採りたいが、この謎は論争が続いても結論が出ることはおそらく期待できない。

ただ、平成に発見された法隆寺の新たな謎はもうひとつあって、平成十八年（二〇〇六）から翌年にかけての調査で、金堂中の間《なかのま》の本尊（止利仏師作の釈迦三尊像）を安置する天蓋《てんがい》の天井板の一枚に六〇六年（推古十四年）ごろに伐採された古材が使われていたことが、やはり年輪年代法によりわかった。五九四年や六〇六年ごろというと飛鳥寺建造たけなわのころになるが、飛鳥寺はくり返すが一塔と三つの金堂を順に造っていった。従って木材の伐採もその都度か何度にもわたって行なわれただろうから、余裕をみて伐採した木材が残されたと考えるのは不自然ではない。法隆寺再建ではその保存材が活用されたのではないか。

この本の執筆時、平城宮南門の復原工事が行なわれていて、工事期間中何度か大きな覆いを被せた工事現場が公開された。復原する南門を囲んで、地上数メートルのところに広い板敷のフロアを組み、中央部を大きく開けてそこに進行中の建設現場がのぞいているという光景だった。板敷フロアの上はひろい作業場で、たくさんの木材が並べられ、それを加工したり、槍鉋《やりがんな》で仕上げたりする光景が見られた。こうして見ると、一三〇〇年前、すぐ隣り合う金堂と五重塔を同時に建造することの困難さがわかる。

飛鳥寺も創建・再建法隆寺も長い年月、このような足場を組んで作業をし、五重塔・金堂・中門……と進めていったのだろう。足場用の木材も転用を繰り返し、最後は解体して保管したことだろう。再建法隆寺建造のころは他の寺院建造も盛んになっていたことを考えると、木材貯蔵所はあったとするのが自然と思われる。再建法隆寺の心柱が一〇〇年間保存されていたものとしても、不思議とはいえないのではないか。

年輪年代測定法とは、建造物や木製品などの遺物の年輪からその木が伐採された年代を知る方法で、ほぼ一年単位という正確さで測定できる。奈良文化財研究所では、天然木や遺跡から出土した木材、また古い建造物の修理のときにサンプルを採取するなどして各地から木材資料を入手し、それらの年輪幅を〇・〇一ミリの精度で計測集計して、ヒノキやスギの暦年標準パターンを作り上げた。その長さは約三〇〇〇年分にもおよんでいる。この方法により、今後も新たな謎が発見されるかもしれない。

◉槍鉋と和釘

金堂の緊張とは異なり法隆寺西院回廊は文句なくこころよい。整然と並ぶ槍鉋仕上げの列柱とその上にがっしりと架かる虹梁《こうりょう》の優しさが、金堂・五重塔周辺の緊張感をやわらげてくれる。運がよければ連子窓から回廊に差し込む光が、やわらかに歴史の空間を漂うようすもたのしめる。

槍鉋という聞きなれない言葉がこれまでも出てきたが、この古代の大工道具について触れておきたい。法隆寺回廊の柱のほか唐招提寺金堂の前に並ぶ八本の列柱などをまぢかに見ると、その表面は滑らかではなく刃物で削ったそのままのようになっている。これが槍鉋で表面仕上げをした跡で、槍鉋とは一メートル余りの柄の先に槍の穂先に似た刃を付けた工具で、室町時代に台鉋《だいがんな》が伝わるまでは「かんな」と呼ばれていたという。台鉋の出現とともに姿を消し、名前も後進に譲ったらしい。（次頁写真参照）

手斧《ちょうな》で粗削りし台の上に寝かせた大木の脇に立ち、柄の両端を持って刃を大木にあて、すこしずつ薄く剥いでいくように全面を繰り返し削ってゆく。これを繰り返すことにより緻密なヒノキがいっそう引き締まり、長い年月雨にさらされても材の劣化を防ぐことができる。加えて手仕上げによる肌合いも魅力で、法隆寺回廊の列柱は人の手の高さのところが触れられて白くなっている。槍鉋は板を作るときの表面仕上げなどにも使われた。鎌倉時代末期の近江・石山寺造営が描かれた『石山寺縁起絵巻』ややはり鎌倉時代後期の『春日権現験記絵巻』にも槍鉋などを使う図があって（118頁参照）、槍鉋が当時の主要な工具であったことがわかる。

前に書いた大鋸《おが》が入ったころ（室町時代）台鉋も伝わり、作業能率の大きな違いからしだいに槍鉋は使われなくなったのだが、これが昭和になって復活する。昭和二十四年（一九四九）の法隆寺金堂の火災で柱と壁画が焼損したとき、法隆寺の宮大工西岡常一が古代の柱の修復には古代の工具が必要と、古い資料などをあたり槍鉋を復元させたのだ。法隆寺にあった古い鉄の和釘（純度が高い）をもって堺の刀匠に頼んで造ったというが、この古代の大工道具の復活も西岡の功績のひとつといっていいのだろう。前述のように、平城宮の南門復元現場では何人かの職人が槍鉋をみごとに使いこなし、古代の柱を仕上げていた。

平城宮南門復元工事現場にて
槍鉋の作業（清水建設（株）協力）

一二年近く続いた薬師寺東塔解体修理の間も、取材を兼ねて何度か薬師寺を訪れた。そのあるとき、東塔解体ではずされた巨大な和釘が何本も展示されているのに出会った。もっとも大きなものは全長約五九センチもあり、以下はそこに記されていた説明書きをもとに文章にしたもので、拙著『木の国の物語』（二〇一七年）にも記したが、解説書等には書かれていない貴重な話なので、もういちどここでも書いておきたい。

法隆寺の金堂・五重塔や薬師寺の東塔などの古建築は、ごく限られたところにしか釘は使われていない。基本的に釘は使わず、枘《ほぞ》という突起をもう一方の木に開けた枘穴に差し込んで接合する。いま釘といって思い浮かべるのは明治時代以降日本に入ってきた洋釘で、それまでの寺や神社、城などの木造建築には和釘が使われていた。現在使われている洋釘の寿命は数十年くらいだが、和釘は千年以上持つといわれている。それはこの薬師寺東塔から発見された何本もの太い釘が証明したことになる。

なぜそんなに持つのかというと、その秘密は工芸品のような熟練の技術によって造られているためだ。角材のような四角い軸の頭のほうはやや細く、真ん中あたりは太くでこぼこして（ツクシのよう）、先端部は細くなる。このでこぼこした釘を木に打ち込むと木と釘の間にすき間が生まれる。木の繊維にはもとに戻ろうとする性質があるので、そこで繊維がふくらんですき間を埋めてしまい、釘と密着して抜けるのを防いでくれる。もちろん和釘の大きさ・形は用途により異なった。

この太い釘を一本打ち込むのにも半日くらいかかったという。まず鑿《のみ》を使って穴を掘り鑿の先が届かなくなったら、釘を打っては抜きまた打っては抜きを繰り返す。現代の洋釘は加工しやすいように鉄以外のいろいろなものを混ぜて大量生産されており、そのため錆びやすく、その錆で木を腐らせ、時間がたつと釘自体が抜けてしまう。これに対し古代の和釘は原料に砂鉄を使い、たたらという製鉄技法で造られた純度の高い鉄を、鍛造《たんぞう》というのちに日本刀造りにももちいられた技術によって繰り返し鍛え、まさに工芸品のように造られたという。西岡常一は古代の工具槍鉋を造るとき、このような純度の高い和釘をもって堺の刀匠に制作を依頼したのだ。

筆者が木の文化を学びなおしてみたいと思った頃の、もやもやとした気分をそのまま表したような文章に出会ったので、書き写しておきたい。一九七八年出版の本だが第二章で引用した『法隆寺を支えた木』の「まえがき」で、農学博士小原二郎がつぎのように書いている。

明治のはじめまでわたしたちは、ずっともめんと木の中で暮らして来た。だがその後の技術革新によって、木は次第に時代遅れの厄介な材料と考えられるようになった。木がもはやいらなくなるのではないかとさえ思われたのは、つい十年ほど前までの趨勢《すうせい》だったのである。（略）しかし最近になって事情は変わって来た。木やもめんのよさを、もう一度見直そうという動きが出はじめた。わたしたちはいま鉄とコンクリートに囲まれ、ガラスとプラスチックを使いながら、なにかいらだちといったものを感じはじめている。そしてときとして、木のような素朴な材料に心を惹かれ、それと静かに語り合いたいと思うことがある。

注釈

序章　太古の幸運が生んだ森の国

（1）梶浦一郎『日本果物史年表』二〇〇八年、養賢堂。

（2）森林率は「グローバルノート世界の森林率国別ランキング」（出典・参照：FAO　データ更新二〇二〇年十月）による。なお森林率は統計機関により数字に差異がある。

（3）『日本経済新聞』二〇〇五年二月二十八日朝刊掲載記事「温暖化時代を語る　安田喜憲」より。安田は「年単位で太古の気候変化を復元できる技術が確立されてきた成果だ」と続けているが、福井県の水月湖（三方五湖のひとつ）の湖底には七万年以上の歳月といくつかの奇跡が重なってできた「年縞《ねんこう》」と呼ぶ縞模様があり、ここから当時の自然環境（気温・水温・植生）や自然災害の履歴などを知ることができる。水月湖の年縞は世界的に貴重なもので地質学や考古学における「世界標準ものさし」に採用されている。

（4）NHKスペシャル『アジア巨大遺跡』―縄文　奇跡の大集落―（二〇一五年十一月放映）より。

（5）埴原和郎編『史話日本の古代一　日本人はどこから来たか　日本文化の深層』（二〇〇三年、作品社）に所収の中尾佐助「照葉樹林文化帯」より。

（6）鈴木靖民編『古代東アジアの仏教と王権』（二〇一〇年、勉誠出版）所収の大橋一章「古代文化史のなかの飛鳥寺」には、隋のすこし前の「南朝の東晋の都建康につくられた仏教伽藍には、彩色鮮やかな巨大木造建築の仏殿・講殿や、同じく彩色鮮やかな高層木造建築の仏塔を中心に大小の殿宇が軒を連ね」（略）その「壮大な伽藍はまるでこの世のものとは思えない、まさに東アジアにおける最先端の文化文明であった」とある。

（7）安田喜憲『自然の恵みを語る』（住友林業フォレストリーフォーラム編集）一九九八年、住友林業より。

（8）横の長さ約五〇センチの木製装飾箱。両面のパネルにラピスラズリや貝殻を使って「戦争」と「平和」の二場面が描かれている。用途は不明。大英博物館所蔵。
（9）『NHKスペシャル　四大文明　インダス』二〇〇〇年、日本放送出版協会より。
（10）『ニューズウィーク』日本版　二〇一八年七月十日号特集『一〇〇億人の世界』（CCCメディアハウス）より。

第一章　木の国日本はどう誕生したか

（1）森浩一『ぼくの考古古代学』二〇〇五年、日本放送出版協会。以下に続く鳥取県のふたつの櫓建物の考察は森浩一編『縄文・弥生の生活』（日本の古代第4巻）一九八二年、中央公論社より。
（2）斎藤成也『日本人の源流』二〇一七年、河出書房新社。
（3）以下『三国志』の現代語訳は『正史三国志』一九九三年、筑摩書房による。
（4）朝日新聞学芸部『邪馬台国』一九八六年、朝日新聞社。いずれも暖帯照葉樹林植生に属し、九州地方がもっとも該当するという。注8の書では投橿をカシ、烏合をクワとしている。
（5）鈴木三男『日本人と木の文化』二〇〇二年、八坂書房。
（6）注4の同書に林業試験場植生研究室の苅住昇説として紹介している。
（7）森浩一『倭人伝を読みなおす』二〇一〇年、筑摩書房。
（8）渡邉義浩『魏志倭人伝の謎を解く』二〇一二年、中央公論新社。
（9）小竹武夫訳『漢書』一九八五年、筑摩書房。以下『論語』の引用は井波律子訳『完訳論語』二〇一六年、岩波書店より。
（10）大林組プロジェクトチーム編著『古代出雲大社の復元』一九八九年、学生社。
（11）上田正昭編『史話日本の古代3　ヤマト王権のあけぼの　古代国家の起源と神話』所収の松前健『国譲り神話と

諸氏族』より。二〇〇三年、作品社。

(12) 司馬遼太郎『歴史の中の日本』所収の『生きている出雲王朝』より。一九七四年、中央公論新社。初出は一九六一年刊の雑誌『中央公論』三月号に掲載。

(13) 小島憲之・直木孝次郎・西宮一民・蔵中進・毛利正守校注・訳『日本書紀』(新編日本古典文学全集) 一九九四年、小学館。

(14) 山口佳紀・神野志隆光校注・訳『古事記』(新編日本古典文学全集) 一九九七年、小学館。〈とだる〉とは十分に整っている意、〈百 足らず〉は枕詞。

(15) 森浩一『考古学へのまなざし』一九九八年、大巧社。

(16) 井上光貞『神話から歴史へ』(日本の歴史1) 一九七〇年、中央公論社。

(17) 注11の同書に所収の『「御肇国天皇」としての崇神天皇』より。

(18) 坂本太郎・家永三郎・井上光貞・大野晋校注『日本書紀』(日本古典文学大系) 一九六五年、岩波書店。

(19) 村井康彦『出雲と大和―古代国家の原像をたずねて』二〇一三年、岩波書店。

(20) 大きな建物ベスト三として「雲太、和二、京三」とあり、出雲大社の本殿がいちばんで(雲太《うんた》)、つぎは大和の東大寺大仏殿(和二《わに》)、そのつぎが京都平安京の大極殿(京三《きょうさん》)と書かれている。この記述について高さ・大きさのどちらをいうのかという議論がある。創建時の大仏殿の間口は八八メートル、奥行は五〇・五メートルだったから、大きさというなら大仏殿のほうで、『口遊』は高さをいったのかもしれない。

(21) 梅原猛は巨大な出雲大社の造営を「表面上は元正、元明天皇の成し給うた大事業であるが、その計画者及びその事業の実行者は藤原不比等であろう」としている(梅原猛『葬られた王朝―古代出雲の謎を解く―』二〇一〇年、新潮社)。

第二章　古代文明開化の槌音が響く

（1）荒野泰典編『アジアの中の日本史Ⅵ　文化と技術』所収、小泉和子『椅子と座』一九九三年、東京大学出版会ほか。
（2）直木孝次郎『飛鳥寺と法隆寺』二〇〇九年、吉川弘文館。初出は『明日香風』25　一九八八年、古都飛鳥保存財団。
（3）小原二郎・西岡常一『法隆寺を支えた木』一九七八年、日本放送出版協会。中国南部に産するコウヨウザン（広葉杉）は名前の通り葉が大きく日本のスギとは似ていない。成長が早いため木の密度が低く折れやすいので、日本では建材には使われない。
（4）大橋一章『飛鳥の文明開化』一九九七年、吉川弘文館ほか。この考察はこれまで拙著でも取り上げているが、専門の研究者が仮説を立てて詳しく考察してくれることは稀で、その時代を捉える上でも大いに参考になる。
（5）坂本太郎・家永三郎・井上光貞・大野晋校注『日本書紀』（日本古典文学大系）一九六五年、岩波書店の頭注には、律師を「とくに戒律に通じた僧の意か」とし、禅師を「禅定をよくする僧。禅定は迷いを断ち、感情を鎮め、真理を体得すること」、比丘尼は「梵語。尼のこと」、呪禁師は「仏法の呪を唱えて病災をはらう人」とある。
（6）鈴木靖民編『古代アジアの仏教と王権』所収の大橋一章『古代文化史のなかの飛鳥寺』二〇一〇年、勉誠出版。
（7）青木和夫・稲岡耕二・笹山晴生・白藤禮幸校注『続日本紀』（新日本古典文学大系）一九九〇年、岩波書店。

第三章　木の国の住文化の歩み

（1）町田甲一・永井信一編『日本美術小辞典』一九七七年、角川書店。
（2）藤田勝也・古賀秀策編『日本建築史』一九九九年、昭和堂。
（3）土田直鎮『王朝の貴族』（日本の歴史5）一九七三年、中央公論社。
（4）柳井滋ほか校注『源氏物語』（新日本古典文学大系）一九九六年、岩波書店。
（5）『図説日本インテリアの歴史』二〇一五年、河出書房新社に所収の川本重雄『寝殿造　開放的住宅』より。

（6）神田秀夫・永積安明・安良岡康作 校注・訳『方丈記　徒然草　正法眼蔵隋聞記　歎異抄』（新編日本古典文学全集）一九九五年、小学館。
（7）藤岡通夫『城と書院』（日本の美術16）一九七一年、小学館。
（8）タウンゼント・ハリス『日本滞在記』一九五四年、岩波書店。

終章　古代の木塔は一級美術品

（1）上田篤編『五重塔はなぜ倒れないか』一九九六年、新潮社。
（2）以下国宝五重塔がある寺社＝出羽三山神社（羽黒山。山形県）、教王護国寺・醍醐寺・海住山寺（以上京都府）、法隆寺・興福寺・海龍王寺・元興寺・室生寺（以上奈良県）、明王院（広島県）、瑠璃光寺（山口県）。＊海龍王寺と元興寺の塔は堂内安置の小塔。
（3）江戸時代には上から宙吊りにする心柱も現れているが、これらは「塔の固有振動周期を調節し、力学的に地震による振動エネルギーを散らす働きをするものと考えられ、経験的に得られた建築工学として評価、研究されている」（『ブリタニカ国際大百科事典』）という。
（4）西岡常一『木に学べ 法隆寺・薬師寺の美』一九九一年、小学館。
（5）司馬遼太郎『近江散歩、奈良散歩』（「街道をゆく」24）一九八八年、朝日新聞社所収の「五重塔」より。
（6）第二章注7の同書。
（7）金堂壁画はインターネット「法隆寺金堂壁画ガラス原板デジタルビューア」で公開されている。五重塔壁画事情はユーチューブ「幻の壁画よみがえる～追跡・法隆寺五重塔の秘密～」が興味深い。
（8）昭和四十六年に行なわれた基壇の全面発掘の結果、創建時の階段の位置が明らかになった。
（9）西岡常一・高田好胤・青山茂『蘇る薬師寺西塔』一九八一年、草思社。

(10) 第二章注5の同書。

◉その他の参考資料(順不同)

吉村武彦・吉川真司・川尻秋生[編]『古代寺院』二〇一九年、岩波書店。

南都六大寺大観1『法隆寺』一九七二年、岩波書店。

直木孝次郎『古代国家の成立』(日本の歴史2)一九七〇年、中央公論社。

安田喜憲『気候変動の文明史』二〇〇四年、NTT出版。

水野さや『韓国仏像史』二〇一六年、名古屋大学出版会。

太田博太郎・藤井恵介ほか『日本建築様式史』一九九〇年、美術出版社。

西岡常一・青山茂『斑鳩の工　宮大工三代』一九七七年、徳間書店。

浅野清『法隆寺の建築』二〇〇四年、小峰書店。

長岡龍作責任編集『法隆寺と奈良の寺院』日本美術全集第2巻「飛鳥・奈良時代1」二〇一二年、小学館。

有岡利幸『檜(ひのき)』(ものと人間の文化史)二〇一一年、法政大学出版局。

同『杉』二〇一〇年。

辻達也『江戸開府』(日本の歴史13)一九七一年、中央公論社。

奈良文化財研究所編『奈良の寺』二〇〇三年、岩波書店。

◉編集取材協力・写真提供（順不同）

文化庁平城宮跡管理事務所／社団法人国土緑化推進機構／宮内庁三の丸尚蔵館／宮内庁京都事務所／元離宮二条城事務所／東京国立博物館／奈良文化財研究所／奈良県立橿原考古学研究所附属博物館／飛鳥資料館／奈良県水循環・森林・景観環境部／一般財団法人奈良県ビジターズビューロー／島根県立古代出雲歴史博物館／米沢市上杉博物館／米子市教育委員会／金沢市埋蔵文化財センター／能登町真脇遺跡縄文館／青森県観光連盟／白神山地ビジターセンター／佐賀県文化財保護室／徳川美術館／株式会社飛鳥園／清水建設株式会社／中央公論新社／出雲大社／出雲大社宮司千家家／三井寺／法隆寺／薬師寺／飛鳥寺

＊掲載写真に提供者名のないものは著者の撮影（151頁の写真を除く）。

[資料] 日本人が木を植えた歴史

社団法人国土緑化推進機構発行『木を植えた「日本人」』より。
＊印は筆者の補足説明。

●縄文時代●

〈紀元前四五〇〇年頃〉

森林伐採の過程で食糧となるクリの木を残していった結果、クリ林が生まれる。（福井県鳥浜遺跡、青森県三内丸山遺跡）

〈紀元前三〇〇〇年頃〉

優良果実を選択的に残し、その幼樹を育成したと考えられている。（保護管理されたと思われる大型クリ。岡山南方前池遺跡）

〈紀元前一〇〇〇年頃〉

西日本において森林焼却による移住地造成と焼き畑耕作が行われていたと考えられる。（福井県四筒遺跡の花粉分析）

●弥生時代●

〈紀元前一〇〇年頃〉

農耕による栽培技術の進展は、樹木にも及び、果樹栽培が行われたと考えられている。（ウメ、モモ、アンズの栽培の可能性。山口県岡山遺跡）

〈一〇〇年〉

木材需要の増加で森林の伐採も多くなり、洪水が発生しやすくなってきた。
●古墳時代●
〈三〇〇年〉

瀬戸内沿岸などで製塩が盛んになり、薪の需要が増大する。

〈五八三年・敏達十二年〉

造園技術とともに樹木の植栽技術があった。（奈良県明日香村の蘇我馬子邸跡）＊蘇我馬子邸には庭・池があったらしい。のちの池泉庭園の最初か。
●飛鳥時代〜奈良時代●
〈六〇七年・推古十五年〉

法隆寺が建造される。

〈六七六年・天武五年〉

飛鳥川上流の草木採取（くさかりきこること）を禁じ、畿内山野の伐木を禁じる。森林伐採禁止令の最古の記録。＊岩波書店刊日本古典文学大系『日本書紀』天武天皇五年の頭注に、山野について「いわゆる禁野《しめの》。天皇の遊猟のために一般の出入りを禁じた原野」とある。禁野は標野とも書く。

〈七〇八年・和銅元年〉

百姓の宅地周辺における二〇〜三〇歩造林を許す。

〈七二二年・養老六年〉

山野に焼き畑が広がる。

〈七三四年・天平六年〉

「出雲国計会帳」の中の「桑漆帳」一巻が上進される。（園地を上、中、下戸と差を付けそれぞれにクワは三〇〇根～一〇〇根以上、ウルシは一〇〇根～四〇根以上植えるように定められている。それらは貢納された）

〈七四九年・天平勝宝元年〉

東大寺の建設開始。

〈七五九年・宝治三年〉

諸国の駅路に果樹を植えさせる。

●平安時代●

〈八一五年・弘仁六年〉

畿内、近江、丹後、播磨諸国にチャを植えさせ毎年献上させる。

〈八二一年・弘仁十二年〉

大和の国司、大和一円にわたる灌田水辺の山林が持つ水源かん養、土砂崩壊防止機能を発揮させる観点から水源の山林伐採を禁じる。（水源かん養林の初見）＊かん養は涵養と書き養い育てること。

〈八六六年・貞観八年〉

常陸国鹿島神宮造営の材料とすべきスギ（四万株）、クリ（五七〇〇株）を近傍空閑の地に植え、造宮備林とする。（まとまった材木植栽の記録としては、わが国最古）

〈九五五年・天暦九年〉

阿波国里浦海岸に風潮除を兼ねて魚つきの用に供するクロマツ林を仕立てる。（魚つき林の初見）＊魚つき林とは魚群を誘い集めるために海岸に造られた森林。

●鎌倉時代●

〈一一九〇年・建久元年〉

熊野のスギが、土佐国幡多郡熊野神社に移植される。

〈一二六一年・弘長元年〉

大和のスギが、能登国珠洲郡春日神社に移植される。

〈一三一四年・正和三年〉

仙台領内で紀州熊野産のスギ種子により苗木の養成が行われる。
●南北朝時代●
〈一三四九年・貞和五年〉

熊野のスギが、陸奥国江刺郡正法寺へ移植される。

〈一三九四年・応永元年〉

京都北山において、始めてスギの台木をつくる。(白杉、北山丸太栽培の起源)
●室町時代●
〈一四六九年・文明元年〉

犬居町秋葉神社社有林にスギ、ヒノキの植林。(天竜での人工造林の開始)

〈一五〇一年・文亀元年〉

奈良県吉野川上郡でスギの植林が始まる。(吉野での人工造林の開始)

〈一五四二年・天文十一年〉

武田信玄、甲斐国釜無川の左岸に霞堤を築き植林する。

〈一五五〇年・天文十九年〉

この頃から植林の奨励がなされ、山林の荒廃、洪水の害を防止し、開田事業を保護するため焼き畑を禁じる。

●安土桃山時代●

〈一五七〇年・元亀元年〉

仙台藩、海岸一帯に砂防林を創設。（以後各藩が海岸砂防林の造成に取り組む）

〈一五七三年・天正元年〉

武蔵国高麗郡、稚苗数万本を植え、かつ数十町歩の原野を新開して木を増殖する。


〈一六〇〇年・慶長五年〉

紀州藩主徳川頼宣が尾鷲地方の人工造林の端緒を開く。

●江戸時代●

〈一六一八年・元和四年〉

長岡藩主牧野田忠晴、水野尾林（御水林）を設定する。（水源かん養保安林制度の始まり）

〈一六二六年・寛永三年〉

萩藩、二〇年毎に伐採する輪伐法を取り入れた「番組山」制度を導入。


〈一六三一年・寛永八年〉

青梅・西川近辺の入会論争が始まる。


〈一六四二年・寛永十九年〉

幕府が代官に「木苗などを植えるべき場所には木苗を植え申すべきこと」と造林命令を出す。


〈一六四三年・寛永二十年〉

幕府、御林奉行は代官所をして御林地元村々に植樹を命じ耕地山野への植樹を申しつける。


〈一六六一年・寛文元年〉

幕府、諸藩は林産資源保続のため御林（下草はもちろん枯れ枝まで採集を禁じた森林）を設ける。

諸産業が勃興し始め、木材採取が盛んになり、民間林業が出現し始める。

〈一六九七年・元禄十年〉

仙台藩、陸前国気仙郡の百姓半兵衛に熊野スギの実をわたし、私費で六五万坪にスギを植林させる。

〈一七〇二年・元禄十五年〉

津軽藩主津軽信政外浜の明山へスギ苗四万本植え付ける。

蜂須賀藩、造林と共に天然林の撫育と植栽、実蒔を命じる。

〈一七一六年・享保元年〉

日田地方にスギの山挿し始まる。

〈一七六四年・明和元年〉

挿スギ、挿ヒノキ造林についての具体的な仕法を通達する。（幕府による造林技術指導の始まり）

〈一七八二年・天明二年〉

武蔵国秩父郡の吉田粟右衛門、山林中八畝の雑木を皆伐してスギ苗二三〇〇本を植栽する。

播磨国多可郡の山口治右衛門、雑木林を伐採してスギ、ヒノキの苗六〇〇〇本を植える。

〈一八二四年・文政七年〉

日向国飫肥藩、スギ苗一〇二万五〇〇〇本を植林する。

〈一八二六年・文政九年〉

鳥取藩、「諸木増殖仕法」を制定。苗木を支給し、地主と植林者の分収形態を認める。保安植林を集落総出で行わせる。

〈一八三六年・天保七年〉

伊勢国飯南郡波瀬村の田中彦左衛門が、飢饉に窮していた民に代償を問わずに食料を買い与えた。民はそ

の美徳を感じて三〇町歩を造林した。（天保飢饉林）

●明治時代●

〈一八六八年・明治元年〉

旧幕府領地ヲ直隷ト為スの令が布告され、徳川支配の旧幕府領地・森林原野はすべて朝廷の御料となる。官地官林設定の発端。

〈一八六九年・明治二年〉

プロシア人のガルトネルが、箱館にブナを植林。（七重村にガルトネル・ブナ林として現存）

〈一八七八年・明治十一年〉

長野県で継続的なカラマツ造林の開始。

〈一八七九年・明治十二年〉

オランダ人土木技師デレーケが報告書のなかで「治水は治山なり」と述べる。

〈一八八六年・明治十九年〉

金原明善が造林事業に着手。天竜水源地にスギ、ヒノキ一二九万本を挿苗する。

〈一八九三年・明治二十六年〉

山林局、一八九五年から三〇年間の国有林における造林計画（一二万五〇〇〇町歩）を立案。

〈一八九五年・明治二十八年〉

ノースロップ博士が来日。「アーバーデイ（愛林日）の精神を説く。＊ジョン・H・ノースロップはアメリカの生化学者。

明治政府が学校林設置の訓令を出し、十一月三日（明治天皇誕生日）を「学校植栽日」とする。

〈一八九七年・明治三十年〉

最初の森林に関する一般法である森林法が公布される。

〈一八九八年・明治三十一年〉

本多清六林学博士の提唱により、四月三日（神武天皇祭）が植栽日となる。＊本多清六はわが国最初の林学博士。国立公園の設置に尽力。

〈一八九九年・明治三十二年〉

国有林野特別経営事業（不要国有林野を払い下げた代金を積み立てて国有林を造林などで改良整備する事業）始まる。

〈一九〇〇年・明治三十三年〉

西日本の瘦悪地にヒノキの造林が盛んになる。

〈一九〇八年・明治四十一年〉

宮城県、岐阜県がわが国最初の県行造林を実施。

●大正時代●

〈一九一二年・大正元年〉

奥羽本線磐越線に雪崩防止林が初めて造成される。

〈一九二〇年・大正九年〉

明治神宮竣工。（全国からの献木数九万五五五九本、これを含めた林苑立木一二万二五七二本）

公有林野官行造林始まる。

●昭和時代●

〈一九二九年・昭和四年〉

造林奨励規則が公布される。（始めて私有林まで補助対象を拡大した）

〈一九三三年・昭和八年〉

大日本山林会会長和田国次郎氏、農林次官石黒忠篤氏、山林局長村上竜太郎氏らにより、毎年四月二日から四日までの三日間を「愛林日」とし、全国一斉に愛林行事を催すことを提唱。

〈一九三四年・昭和九年〉

第一回愛林日に、日本最初の中央植樹行事が茨城県の鬼が作国有林で行われる。

〈一九四五年・昭和二十年〉

東京大空襲により中央植樹行事は中止される。

〈一九四七年・昭和二十二年〉

林業六団体によって「森林愛護連盟（徳川宗敬会長）」が結成され、四月四日に皇太子殿下を迎えて愛林日植栽行事が復活する。

〈一九四八年・昭和二十三年〉

東京都青梅市に天皇皇后両陛下を迎えて記念植樹行事を行う。以来記念植樹行事には両陛下を迎えることが恒例となる。

「緑の週間（四月一日〜七日）」が設けられる。

〈一九五〇年・昭和二十五年〉

緑化運動推進母体として「国土緑化推進委員会」が結成される。

愛林日の中央記念植樹行事は「植樹行事及び国土緑化大会」と呼称される。

「緑の羽根募金」が開始される。

「全日本学校植樹コンクール」の実施を開始する。

国土緑化運動ポスター原画と標語の募集を開始する。

〈一九五七年・昭和三十二年〉

根釧原野の一角に約一万ヘクタールのカラマツ林を造成するパイロットフォレストを開始する。

〈一九五八年・昭和三十三年〉

分収造林特別措置法公布。

〈一九六〇年・昭和三十五年〉

「グリーンスカウト運動」を提唱し、青少年による緑化運動組織（後の緑の少年団）が誕生する。

〈一九六一年・昭和三十六年〉

森林開発公団造林を開始。（官行造林も継承）

〈一九六四年・昭和三十九年〉

林業基本法が分布される。

〈一九六六年・昭和四十一年〉

「県の木」が制定される。

〈一九六七年・昭和四十二年〉

国土緑化推進委員会が社団法人化される。

〈一九七〇年・昭和四十五年〉

植樹行事及び国土緑化大会から「全国植樹祭」に名称を変更される。

〈一九七七年・昭和五十二年〉

皇太子、同妃殿下を迎えて第一回「全国育樹祭」が開催される。

〈一九八三年・昭和五十八年〉

分収育林制度、森林整備法人の法制化が始まる。

〈一九八四年・昭和五十九年〉
二十一世紀の森林づくり委員会が設置される。
〈一九八六年・昭和六十一年〉
二十一世紀の森林づくり委員会が「国民参加の森林づくり」を提言する。
〈一九八八年・昭和六十三年〉
社団法人国土緑化推進委員会が社団法人国土緑化推進機構に名称を変更する。
「緑と水の森林基金」が創設される。

●平成時代●

〈一九八九年・平成元年〉
「みどりの日（四月二十九日）」が制定され、国民の休日になる。
緑の週間が四月二十三日からの一週間となる。
〈一九九五年・平成七年〉
緑の羽根募金が「緑の募金」に法制化される。

おわりに

木の文化からは離れるが、人類がはじめて感動を創り出そうとしたと思われる太古のフルート発見のニュースと、人は生まれつき美感を備えているという実験について、記しておきたい。

二〇〇八年に、はるかなる三万五〇〇〇年以上も昔の、ヨーロッパの旧石器時代のフルートの破片がドイツの洞窟で発見された。ハゲワシの骨で作られており、一二個の破片をつなぎあわせて長さ二一・八センチ、直径約八ミリ、指穴が五つのほぼ完全な姿によみがえった。復元写真を見ると吹出し口はV字に切り込みが入り、指穴の間隔もほぼ均等になっている。

三万五〇〇〇〜四万年前というのは、現生人類（ホモ・サピエンス・サピエンス）がヨーロッパに定住しはじめたころで、その時代に音階を出せるフルートが作られていたのだ。「ナショナルジオグラフィック日本語サイト」の二〇〇九年六月二十五日付のニュースによると、この時代のホモ・サピエンス・サピエンスが音楽という文化を持っていたために、おなじヨーロッパに分布していた近縁のネアンデルタール人よりも集団の結束などで優位に立つことができ、やがてネアンデルタール人は絶滅の道をたどった、という説を紹介し、このフルートの発見はそのことを裏付けている、と書いている。

さらに同サイトは、つぎのような驚きのニュースも紹介していた。このフルートの複製品でプロの演奏者が「ドイツ国家」や「アメージング・グレース」を演奏したというのだ。その演奏を聴いた発見者（考古学者）によると「低温でゆったりとした演奏」で「現代の楽器とはまったく異なるものだ」といい、ただ演奏者の練習不足があったかもね……、とつけくわえたという。

たんなる合図の笛ならば五つの指穴はいらない。このときから人は自身と他人に感動を与えるための「音楽」を持ったのだろうか。以来四万年近く人は音楽に感動し、その喜びを遺伝子に刻みつけてきた。

最古の美術作品を洞窟壁画とするならその誕生も右のフルートとおなじころらしいが、人が創り出した音楽と美術から私たちは強い感動を享受し続けてきた。それは四万年の間、人類がその感動と喜びを遺伝させてくれたからだ。ただ、感動を受けるのは音楽・美術という芸術的創作からだけではない。本書で書いてきた古代の精巧な建造物や各種工芸品そのほか、感動および愛着を呼び起こしてくれるものは多い。私たちは日常、それらから受ける感興に支えられて暮らしているともいえよう。

社会経験のない乳幼児が、人の顔の美しさを見分けるという実験をしたアメリカ人科学者がいる。『なぜ美人ばかりが得をするのか』(ナンシー・エトコフ著、二〇〇〇年、草思社)という本に書かれていた話で、この本は認知科学・進化心理学の視点から美の本質に迫ろうとした好著だが、ある心理学者の興味深い実験を考察するところで、「子どもは文化への適応の過程で、美に対する好みを学ぶ」という一般的な説を示した上で、しかし、とつぎのように実験を紹介している。

＊＊＊

「しかし心理学者ジュディス・ラングロワは、学習など必要ないという説をとっている。美にたいする好みは生まれつきのものであり、赤ん坊でさえ美しいものを見分けると言うのだ。ラングロワは人びとの顔を写したスライドを数百枚用意し、まずは大人たちにそれぞれの魅力の度合いを評価してもらった。つづいて彼女は同じ写真を生後三カ月と六カ月の乳児たちに見せた。すると彼らは大人が高い評価をつけた顔を、より長いあいだ見つめた。赤ん坊は複数の顔の中から美しいものを識別する。彼らはアフリカ系アメリカ人、アジア系アメリカ人、白人の別なく、魅力的な男性、女性、赤ん坊をより長く凝視する。この事実は、乳幼児が美しさを感知すること、そして人間の顔には人種的ちがいを超えて共通した普遍的な美の特徴があることを示唆している。」

たくさんの人に会いそこから自分の好みの男性・女性を識別するという経験を持っていない乳幼児にそれができるのは、生まれたときにすでにその認識のものさしを備えているということだ。さらに他の心理学者が、生後四カ月くらいの赤ん坊に協和音と不協和音を聞かせたら、不協和音にはいやそうに鼻にしわを寄せたという実験も紹介している。これらの実験からは、人が二、三歳から会話ができるのは、生まれつき言葉の成り立ちを身に着けているためだという、ノーム・チョムスキーの「生成文法理論」も思い起こされる。

＊＊＊

「生まれつき」というのは、はるかな昔から受け継がれてきた遺伝子のことだろう。音楽や美術さらに文学から、私たちは人が創作した良質の感動を得てきたが、遺伝子は数千年数万年の人類史の遺産ということになる。芸術的な感動でなくとも、人が精魂込めて創ったものには、こころよい感動を呼び起こす遺伝子の素が注ぎ込まれていると思われる。身の回りから優れた手造り品や工芸品が姿を消してゆくと、いつか、それらから人が感じていた感動や愛着心が薄れてしまうのではないか。

古代から樹木とは密接な関係にあった私たち日本人には、木から特殊な何かを享受してきた不思議な遺伝子がまだ潜んでいるのだろう。飛鳥の大工のように「造る」ことはできなくても、人の手で造られたものから美しさを「享受する」ことはできる。

二〇二一年 三月

木の国文化探検人 中嶋 尚志

著者紹介
中嶋尚志（なかじましょうじ）
1944年東京生まれ。私立大学卒業後、出版社・企画編集会社に勤務ののちフリーの編集者・ライターに。おもに歴史・文化・地理関係の書籍の出版に携わる。2012年、東京でのフリー稼業に区切りをつけ、日本の木の文化史研究のため奈良市に転居。以後、木の国の文化をテーマとした『木の国の物語』（紙誌の書評欄・読書欄に掲載）『木の国の歴史』を出版（里文出版。両書とも全国学校図書館協議会選定図書）。本書が三部作の締め括りとなる。他に『「美しさ」を探求する』『「美しい」って何だろう』（YA版。風詠社）など。

木が創った国　探訪 日本人と木の文化史

2021年6月10日　初版第1刷発行

著　者　中 嶋 尚 志
発行者　八 坂 立 人
印刷・製本　シナノ書籍印刷(株)

発行所　(株)八 坂 書 房
〒101-0064 東京都千代田区神田猿楽町 1-4-11
TEL.03-3293-7975　FAX.03-3293-7977
URL: http://www.yasakashobo.co.jp

ISBN 978-4-89694-286-6